二十四史马上读
语文历史都进步

第十二册

《明史》

李海杰　主编

北京理工大学出版社
BEIJING INSTITUTE OF TECHNOLOGY PRESS

图书在版编目（CIP）数据

二十四史马上读：语文历史都进步：函套共12册/李海杰主编．—北京：北京理工大学出版社，2023.10

ISBN 978－7－5763－2413－6

Ⅰ．①二… Ⅱ．①李… Ⅲ．①二十四史－青少年读物 Ⅳ．①K204.1－49

中国国家版本馆CIP数据核字（2023）第097057号

出版发行／北京理工大学出版社有限责任公司
社　　址／北京市丰台区四合庄路 6 号
邮　　编／100070
电　　话／（010）68944451（大众售后服务热线）
　　　　　（010）68912824（大众售后服务热线）
网　　址／http: //www. bitpress. com. cn
经　　销／全国各地新华书店
印　　刷／唐山富达印务有限公司
开　　本／880毫米×1230毫米　1／32
印　　张／77.75
字　　数／1236千字
版　　次／2023年10月第1版　2023年10月第1次印刷
定　　价／398.00元（全12册）

责任编辑／吴　博
文案编辑／吴　博
责任校对／刘亚男
责任印制／施胜娟

明史

明史

明史

《明史》由清朝宰相张廷玉等人主持编撰，全书共三百三十二卷，包括本纪二十四卷、志七十五卷、表十三卷、列传二百二十卷，是记录明朝的纪传体断代史。《明史》记录从明太祖朱元璋到明庄烈帝朱由检（1368—1644年）共二百七十六年的历史。《明史》是“二十四史”的最后一部，体量仅次于《宋史》；编撰时间长达九十四年，是我国官修史书中时间最长的一部。《明史》编撰得体、史料详实、叙事简洁，历来被史家称赞。

张廷玉（1672—1755年），字衡臣，号砚斋，安徽省桐城县（今安徽省桐城市）人。清朝前期政治家。

张廷玉出生于官宦之家，从小聪明好学。二十九岁考中进士，在康熙皇帝身边侍奉，逐渐得到重用。雍正皇帝即位后，历任各部尚书、保和殿大学士、首席军机大臣（相当于宰相），也是拥立乾隆皇帝的顾命大臣。张廷玉除了担任《明史》总裁官之外，还主持修撰了《清圣祖实录》《四朝国史》《大清会典》《世宗实录》等大型图书。张廷玉身居中枢四十多年，是清朝唯一一位配飨（xiǎng）太庙的汉臣。1755年，张廷玉在家中去世，享年八十四岁。

太祖本纪

朱元璋（1328—1398年），幼名重八，后改名元璋，字国瑞，濠州钟离县（今滁州市凤阳县）人。元末农民起义军首领，明朝开国皇帝。死后庙号太祖。

从放牛小娃到开国大帝

朱元璋的祖父辈都是为地主家耕种的佃户，家境十分贫寒。为了讨口饭吃，他小小年纪就为地主家放牛。

朱元璋十七岁时，家乡接连发生各种天灾，不到半个月，父母兄弟相继饿死。为了安葬父母，他去地主家求告，被无情拒绝，最后还是好心的邻居施舍了一块坟地，这才得以下葬。

孤苦无依的朱元璋为了活命，就去皇觉寺出家当和尚。不久，当地闹饥荒，寺庙住持便打发他出去化缘，还把他分配到最穷的地方。这是一段异常黑暗的时光，但朱元璋却在乞讨过程中关注各地的地形、地势，熟悉风土人情，极大地开阔了眼界。这也是他没有一直做乞丐的原因之一。

时值元朝末年，元朝政事紊乱，民分四等的民族政策，横行肆虐的贪官污吏，加上接连发生的天灾，使得各地的农民起义此起彼伏，天下已然大乱。

1352 年，依然在寺庙当和尚的朱元璋接到幼时好友汤和的来信，邀请他投奔郭子兴的红巾军。一番犹豫之后，

▼ 朱元璋投军

他接受邀请，从此开启了人生的转折。

朱元璋在军中作战勇敢，头脑睿智，屡战屡胜，得到了郭子兴的赏识。郭子兴将自己的养女马姑娘许配给他。他也另起了正式名字为元璋，希望自己成为尖锐的玉璋，有朝一日诛灭腐朽暴虐的元朝。

朱元璋见起义军各首领之间为争权夺利，矛盾重重，决心依靠自己的力量开创新局面。他带着徐达、汤和、周德兴等人离开郭子兴，自己招兵买马，往南发展。在此过程中，他招贤纳士，严明军纪，先后得到李善长、朱升等人的辅佐，又采纳朱升"高筑墙、广积粮、缓称王"的建议，慢慢积蓄实力。这些人后来都成为开国功臣。

1356 年，朱元璋凭借独到的战略眼光，率军攻占集庆（今南京市），降服三万六千余名士兵。朱元璋担心降军军心不定，很容易反叛，便从中挑选五百人作亲军，负责夜间护卫，自己安心睡到天亮。第二天，这件事传遍军营，降军感受到了信任，甘愿追随朱元璋。

朱元璋以南京为根据地，埋头发展，却招来了另一支义军首领陈友谅的敌视。双方多次交战，互有胜负，最后在鄱阳湖决战。陈友谅的优势在于水军，他的战船有三层楼之高，上面可以骑马驰骋。朱元璋的水军薄弱，正面迎战无异于以卵击石，只好利用小船的灵活性对抗，依然节

节败退。

紧要关头，朱元璋发现陈友谅为了集群攻击，将巨船用铁索相连。当天下午，东北风起。朱元璋抓住时机，命令七条满载柴草火药的快船冲进陈友谅的巨船。刹那间，火光四起，陈友谅的战船灰飞烟灭。朱元璋出奇制胜，以弱胜强，这就是历史上著名的“鄱阳湖之战”。此战之后，朱元璋在江南各支义军中一家独大，用三年时间逐步平定了江南。

1367 年，朱元璋终于将矛头指向他最痛恨的目标——元朝，派遣徐达和常遇春北伐。第二年，朱元璋在南京称帝，国号明，是为明太祖。同年，北伐大军攻陷元大都（今北京市），元朝灭亡。

明太祖称帝后，基本沿用元朝的官制，设置丞相辅佐皇帝总揽国政。后来，胡惟庸凭借信任，被任命为丞相，慢慢大权独揽，使得相权与皇权的矛盾越来越大。

太祖为了获取更大的权力，有意废除丞相之职，对胡惟庸的违法行为故意宽容，让他越来越跋扈，而后以谋反之罪一举诛杀，并借机废除了延续一千五百余年的丞相制度，规定子孙后代不准再设置丞相。胡惟庸因此成为我国历史上最后一任丞相。

明太祖出身寒微，经历了元朝的黑暗统治和人生苦难，使得他对人性的洞察、对官员的不信任深入骨髓。称帝后，设置锦衣卫，派出特务，对百官进行监视；又在全国范围内掀起反贪官运动，不遗余力地打击贪腐。为了稳固权力，他对当年一起出生入死的兄弟，即后来的功臣集团采取了史无前例的清洗。

1398 年，明太祖在南京的皇宫病逝，享年七十一岁。他开创的典章制度，不仅奠定了明朝近三百年的基业，而且直接影响了清朝。他是我国历史上最伟大的帝王之一。

经典原文与译文

【原文】太祖时年二十五，谋避兵，卜于神，去留皆不吉。乃曰："得毋当举大事乎？"卜之吉，大喜，遂以闰三月甲戌朔入濠见子兴。子兴奇其状貌，留为亲兵。战辄胜。遂妻以所抚马公女，即高皇后也。——摘自《明史·卷一》

【译文】明太祖时年二十五岁，谋划如何躲避打仗，占卜问神，逃走、留下都不吉利。于是说："难道是要我参加义军举大事吗？"占卜为吉利，十分高兴，于是在闰三

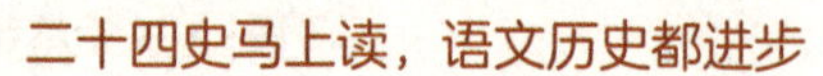

月甲戌日初一进入濠州，拜见郭子兴。郭子兴对太祖的相貌感到惊奇，留他作自己的亲兵。太祖作战经常获胜。郭子兴于是将自己抚养的马公之女嫁给他为妻，便是高皇后。

江河日下：江河的水天天向下游流。比喻情况一天天坏下去。

此起彼伏：这里起来，那里落下。形容连续不断。

生灵涂炭：百姓像掉在烂泥和炭火中一样。形容政治混乱时期人民处在极端困苦的环境中。

寿终正寝：正寝，旧式住宅的正屋。人死后，停灵在房屋正中的房间。指老死在家中，泛指事物的消亡。

成祖本纪

朱棣（1360—1424 年），出生于应天府（今南京市）。明太祖的第四个儿子，明朝第三位皇帝。死后庙号成祖。

马上打江山的永乐大帝

朱棣出生时，身为义军将领的明太祖正与对手进行生死存亡的较量。军情紧急，太祖还没来得及看一眼刚出生的儿子，便匆忙赶往前线指挥作战。

明太祖儿子众多、战事倥偬（kǒng zǒng），朱棣不是长子，因此没有得到太多关注。朱棣十一岁时，被封为燕王，参加父亲安排的各种学习及锻炼。在一次次声势浩大的战争中，以及与武将的相处中，朱棣耳濡目染，学会了排兵布阵与战场拼杀。

明太祖称帝后，元朝残余势力建立北元政权，继续与

明朝对抗。朱棣二十一岁时，来到自己的藩地北平（今北京市），与北元做了邻居。

1390 年，太祖命令朱棣率军北征。忽逢天降大雪，不见前路。众将认为风雪太大，不利于行军，朱棣觉得这样的天气，敌人也会降低警惕，应该抓紧进军。

明军抵达元军营地，元军果然丝毫没有察觉。即便如此，朱棣却没有下令出击，而是派人劝降，亲自设宴款待

▼朱棣风雪追击元军

元军首领。元军首领感激涕零，决定投降。捷报传到京城，太祖大喜过望，从此安心将防御北元的事务交给他。

明太祖为了维持国家稳定，分封自己的儿子们驻守边界，允许他们拥有军队。1398 年，太祖驾崩，嫡孙朱允炆（wén）登基，是为建文帝。

年轻的建文帝身为侄子，十分忌惮散布边疆的藩王，开始着手削藩，先后将五位藩王贬为庶民，湘王甚至被迫自焚而死。兔死狐悲，五位藩王的命运让朱棣意识到不能坐以待毙。

为了麻痹建文帝，朱棣装疯卖傻。炎炎夏日，他故意在建文帝派来的使者面前披着棉被烤火炉，嘴里直喊："冻死我了！"

一切准备妥当后，朱棣迅速出兵占领北平，打着"为国靖难"的旗号起兵。建文帝派出大将耿炳文率领三十万大军进攻，朱棣剑走偏锋，在中秋之夜偷袭，打得耿炳文措手不及，连战连败。

建文帝又派大将李景隆率领五十万大军讨伐，朱棣设计威胁宁王，得到他麾下的蒙古骑兵，实力大增。在与南军的交锋中，蒙古骑兵勇猛无比，李景隆屡屡战败。后来，李景隆乘虚进攻朱棣的根据地北平，没有攻克，朱棣迅速回师，再次击败李景隆。

建文帝无奈，又换上盛庸为大将。盛庸不负众望，连续击败朱棣。虽然朱棣凭借出色的谋略以及运气，先后赢过几次盛庸，但自身也损失惨重。

直到战争持续了三年之后，朱棣才猛然醒悟，凭借以北平为中心的一小块地方，不足以与朝廷抗衡；而且北平与南京相距甚远，沿路的城池都有重兵把守，要想取胜，只能避实就虚，攻其不备，直击南京。1402 年，历时四年的“靖难之役”结束，朱棣在南京登基，是为明成祖。

明成祖为了巩固皇位，大肆诛杀反对自己的官员，其中最惨烈的非方孝孺莫属。方孝孺名满天下，是读书人的典范。成祖召见方孝孺，请他起草即位诏书。

方孝孺傲骨嶙嶙，哭着进入大殿，连礼都不行，死活不肯写诏书，逼急了就写下“燕贼篡位”四个字。成祖失去耐心，下令将方孝儒处以车裂之刑，连带被处死的亲族接近九百人。

处置完政敌之后，明成祖迅速休养生息，恢复民生，国力日渐强盛。为了宣扬国威，同时寻找失踪的建文帝，1405 年，成祖命太监郑和下西洋。浩浩荡荡的远航队伍打开了中国与海外的贸易之门，也让各国对明朝心生敬畏，形成了万邦来朝的盛况。

此外，明成祖命解缙（xiè jìn）等人编撰《永乐大典》，这是当时世界上最大的百科全书。为了加强对朝野的控制，成祖恢复特务机构锦衣卫，又设置东厂，监察百官。1421年，明成祖正式迁都北京，奠定了今天北京市的规模和格局。

明成祖先后五次北征北元，病逝于最后一次北征回京途中，享年六十五岁。这位马上天子将明朝推向全盛，功绩千古流芳。但他设置特务机构，重用宦官，也为明朝的灭亡埋下了伏笔。

经典原文与译文

【原文】王貌奇伟，美髭髯（zī rán）。智勇有大略，能推诚任人。二十三年，同晋王讨乃儿不花。晋王怯不敢进，王倍道趋迤（yǐ）都山，获其全部而还，太祖大喜。是后屡率诸将出征，并令王节制沿边士马，王威名大振。——摘自《明史 · 卷五》

【译文】燕王朱棣相貌奇伟，髭髯美丽。有雄才大略，能知人善任。洪武二十三年，和晋王讨伐乃儿不花。晋王

胆怯不敢进攻，燕王倍道兼程到达迤都山，俘获乃儿不花的所有部众回来，明太祖十分高兴。此后，燕王多次率领众将出征，并受令节制边疆的军队，威名大振。

大刀阔斧： 形容办事果断而有魄力。

兔死狐悲： 比喻因同类的灭亡而感到悲伤。

坐以待毙： 坐着等死，指不采取积极行动而等待失败。

神宗本纪

朱翊（yì）钧（1563—1620 年），明朝第十三位皇帝，是明朝在位时间最长的皇帝。死后庙号神宗。

从励精图治到放飞自我

朱翊钧六岁成为皇太子，从小就懂得皇太子是将来的皇帝，要承担治国治民重任的道理，因此刻苦努力，除了学习传统的儒家经典，还学习如何批阅奏章，以及前代帝王的治国经验等。

母亲李太后对他管教十分严格，每到讲经的时间，都要求讲官对朱翊钧一对一讲授；每次早朝，李太后便在五更到达朱翊钧的寝宫，早早将他叫起；朱翊钧稍有懈怠，就罚他长跪不起。

此前，明世宗重用奸臣严嵩，朝政黑暗，国势颓废。他的儿子明穆宗在位时间短，来不及整顿。国家的经济、

政治等各方面的问题堆积如山，到了不改革便会亡国的程度。

1572 年，年仅十岁的朱翊钧即位，是为明神宗。神宗提拔自己的老师张居正担任内阁首辅，全力支持他推行新政。张居正大刀阔斧地改革，不仅使政府面貌焕然一新，财政状况也大为改善，基本扭转了明武宗、明世宗以来的颓势，史称“万历中兴”。

十年后，张居正病逝，明神宗亲政。此时，与明朝隔海相望的日本,结束了长达一百多年的内乱,野心极度膨胀，妄图先侵略朝鲜，再征服明朝。

1592 年，日本正式进攻朝鲜，仅仅十九天就占领其首都汉城（今韩国首尔市）。朝鲜作为明朝的附属国，立即向宗主国求援，神宗决定派出驻守辽东的军队援助。

起初，辽东明军不了解日军战法，初战失败。神宗得知消息，立即调集主力部队入朝，同时派出使者与日军谈判，迟滞他们集结的时间。

明军主力入朝，取得平壤（今朝鲜平壤市）大捷。随后，日军在海战中屡屡失利，主动求和。神宗同意议和，下令明军主力撤退，保留少量军队驻朝。

因为双方使者欺上瞒下，谎报消息，和谈最终破裂，日军第二次入侵朝鲜。神宗知道后，一方面严惩相关人员，一方面再次派兵出征。明军联合朝军，接连在陆战、海战中击败日军，迫使日军逃离朝鲜。

朝鲜之役前后历时七年，虽然耗费了巨额军费，但就此奠定了东亚三百年的和平局面。除朝鲜之役以外，明神宗为巩固疆土，还在西北、西南边疆展开了两次大规模军事行动，它们被合称为“万历三大征”。

与此同时，明神宗还与朝臣掀起了一场长达十五年的国本之争。神宗二十岁时长子出生，几年后，深得宠爱的郑妃也生了儿子，于是准备册立她为皇贵妃。

此时，朝臣纷纷传言，神宗与郑妃曾经约下盟誓，要册立郑妃之子为太子。大臣们听闻，纷纷奏请册立皇长子为太子。神宗不愿把自己不喜欢的女人生的儿子立为太子，便推脱长子年龄太小，过几年再说。

大臣们看穿了明神宗的私心，也想留下忠君爱国的名声，于是成百上千地进呈奏折，无一例外地指责后宫干政，措词极其激烈。神宗大怒，开始贬斥进言的大臣。谁料大臣们根本不惧贬斥，甚至不惧生死继续上疏，以此施压。

明神宗为了拖延此事，想将包括皇长子在内的三个儿子一并封王，将来再选一人为太子，群臣觉得这是质疑皇长子的合法性，一致表示反对，神宗只好收回成命。最后，

▲ 明神宗怒斥群臣

在李太后的干预下，神宗终于让步，册立皇长子为太子。

国本之争让神宗意识到，即便自己贵为天子，也终为朝臣所制，于是逐渐厌恶临朝听政，不见群臣、不出宫门长达三十年。

此后，朝臣们分裂为东林党、宣党等众多党派，门户之争愈演愈烈，直至互相倾轧。而神宗越来越沉迷酒色，大肆敛财。他不仅将被抄家大臣的钱财全部据为己有，还派出宦官担任矿监税使，到处搜刮民财。如此举措之下，张居正新政的努力都付之东流，种下了明朝灭亡的祸根。

神宗晚年，地处东北的女真族迅速崛起，不断发兵南侵，明军屡屡败北。无节制的盘剥，引发全国人民纷纷起事。神宗受困于国事，病重逝世。二十多年后，明朝灭亡。

经典原文与译文

【原文】隆庆二年，立为皇太子，时方六岁。性岐嶷（yí），穆宗尝驰马宫中，谏曰："陛下天下主，独骑而骋，宁无衔橛（jué）忧。"穆宗喜，下马劳之。陈皇后病居别宫，每晨随贵妃候起居。后闻履声辄喜，为强起。取经书问之，无不响答，贵妃亦喜。由是两宫益和。——摘自《明史 · 卷二十》

【译文】隆庆二年，朱翊钧被立为皇太子，当时年方六岁。朱翊钧少年聪慧，穆宗曾经驰马宫中，他进谏道："陛下为天下之主，一个人骑着马驰骋，万一出了闪失，如何向天下交代呢。"穆宗欢喜，下马对朱翊钧大加抚慰。陈皇后病居别宫，朱翊钧每天早上随母亲李贵妃前往探问，陈皇后每听到脚步声总是很高兴，并挣扎着坐起。取出经书考问他，朱翊钧总是对答如流，李贵妃也高兴。两宫因此越来越和睦。

岐嶷：形容小孩才智出众、聪明特异。

庄烈帝本纪

朱由检（1611—1644 年），字德约，明朝最后一任皇帝，在位十七年。年号崇祯，史称崇祯帝，死后谥号庄烈帝。

最勤政的末代皇帝

朱由检出生于紫禁城慈庆宫，他的父亲明光宗，从小不被爷爷明神宗喜爱，母亲是身份卑微的婢妾，后来被杖杀，因此自幼便不幸福，性格有很大的缺陷。1622 年，朱由检被哥哥明熹（xī）宗封为信王。

明熹宗重用宦官魏忠贤，政治腐败，百姓苦不堪言；在北方，女真族建立的后金（后来改名大清）已经崛起，多次侵扰明朝边境，逐渐逼近京城北京的最后一道关口山海关，明朝已经处于倾覆的前夜。

1627 年，明熹宗去世，因为没有儿子，遗诏朱由检继位，

是为庄烈帝。

当时，朝廷内外大权由魏忠贤掌控，庄烈帝入宫后，自带麦饼藏在袖中，害怕吃宫中的食物。魏忠贤不敢公然加害庄烈帝，又猜不透他的心思，便屡屡试探。

庄烈帝想要除掉魏忠贤，但是考虑实力差距大，便不动声色，甚至屡屡嘉奖魏忠贤及其党羽。有些大臣猜到了庄烈帝的意图，大力弹劾魏忠贤，但庄烈帝不为所动。不久，

▼ 庄烈帝打击魏忠贤

魏忠贤的同党开始弹劾他，庄烈帝意识到魏党内部出现分裂，将弹劾的奏章给魏忠贤看，魏忠贤大惊失色，主动请求辞职，庄烈帝果断批准，由此开启了倒魏大幕。不久，魏忠贤自杀。

魏忠贤死后，庄烈帝顺势开始清算阉党，历时三年之久。然而，明朝大臣的党争从神宗朝就已经形成，此次借着扳倒魏忠贤，文官集团趁机再次崛起，掀起一轮又一轮的新党争。庄烈帝面对强大的文官集团，虽然有心整顿朝纲，但最终功亏一篑。

庄烈帝面临国库亏空、边饷不足、百姓负担沉重等问题，下令历行节俭，禁止宫中使用奢侈物，自己更是连续十七年如一日，不曾添置一物。为了早日实现天下大治，庄烈帝处理奏章以至于彻夜不休息。

有一次，庄烈帝去拜见自己的祖母，竟然坐着睡着了。醒来后，他跟祖母解释，因为连续阅读公文，接见群臣，已经两晚没有睡觉。

庄烈帝的勤政程度，在明朝历代皇帝中首屈一指，但他也是运气最坏的一个。从即位第一年起，整个北方地区便连年发生灾害，旱灾、水灾、蝗灾轮番出现。

开始时，百姓争吃蓬草，之后吃树皮，再之后吃观音土，最终腹胀而死。为了节省开支，庄烈帝下令裁撤驿站，

不幸的是，驿站兵卒李自成因此失业，走上了造反道路。

自然灾害没完没了，另一个夺命杀手又开始登台，这便是瘟疫。庄烈帝即位的第十三年，北方地区开始流行瘟疫，此后连年出现。瘟疫一旦爆发，传染性极强，传播速度极快，致死率极高。

为此，庄烈帝积极拨款赈灾，发钱给太医院阻止瘟疫蔓延，及时收拾尸体安葬，但面对大面积的灾害与疫情，无异于杯水车薪。

正是在这种背景下，农民起义如火如荼地开展起来，最终发展出以李自成、张献忠为代表的两支大军，在北方各省流动作战，因此被称为“流寇”。

面对汹涌的造反浪潮，庄烈帝屡屡派遣大臣镇压，因为急于求成，用人存疑，常常一个政策刚刚实施，尚未取得成效，或者刚刚取得成效，便因求全责备而换人。

他先后任用杨鹤、洪承畴、熊文灿，复用洪承畴，再用卢象升、杨嗣昌、熊文灿，复用杨嗣昌。主事大臣在招安、剿灭两策上频繁更迭，流寇领导人也看出了朝廷的处置失当，于是时而投降，时而继续造反，实力越来越强。

与此同时，清军不断骚扰入侵，明军陷入两线作战的窘境，军费不断增长，朝廷被迫向百姓征收对付清军的“辽饷”，对付流寇的“剿饷”，训练部队的“练饷”，进一步加剧了农民的负担，促使农民大量加入起义军。

庄烈帝知道不能两面作战，便有心与清军议和。这时，兵部尚书陈新甲暗中请求与清军秘密和谈，庄烈帝表示赞同。谈判进展顺利，但由于陈新甲的粗心，此事被泄露，大臣们集体抗议。庄烈帝敌不过群臣的压力，只好说："陈新甲使我的七位亲王遇害受侮辱，不比敌兵打到城下更严重吗？"于是下令杀了陈新甲。清军受到欺骗，议和失败，双方战争愈演愈烈，北边进一步陷入危险之中。

1644年，李自成起义军逼近京城。有人建议放弃北京，迁都再图新策。庄烈帝认为国君死社稷，没有采纳，逃到紫禁城后的煤山（今景山），上吊自杀。

庄烈帝志向远大、励精图治，但性格多疑、刚愎（bì）自用，对官员不信任，喜欢将责任推给大臣，优柔寡断导致贻误时机，败亡几乎是注定的。但因为他誓死殉国，也获得了广泛的同情。

经典原文与译文

【原文】李建泰疏请南迁。……召廷臣于平台，示建泰疏，曰："国君死社稷，朕将焉往？"李邦华等复请

太子抚军南京，不听……征诸镇兵入援……命偕内臣杜之秩守居庸关。李自成至宣府……杜之秩降于自成，贼遂入关。——摘自《明史·卷二十三》

【译文】李建泰上奏请求南迁。……庄烈帝在朝堂上召见大臣，出示李建泰的奏疏，说："国君为社稷而死，朕还能去哪里呢？"李邦华等人两次请求庄烈帝派太子去南京（今南京市）慰问军队，庄烈帝不听。……庄烈帝征调各镇军队入京增援，……命令他们一起与宦官杜之秩镇守居庸关。李自成到达宣府镇，……杜之秩向李自成投降，反贼于是进入居庸关。

社稷：社，土神；稷，谷神。借指国家。

南迁：迁都南方。

徐达列传

徐达（1332—1385年），字天德，濠州钟离县（今滁州市凤阳县）人。明朝名将，第一开国功臣。

大明第一开国功臣

徐达出生在一个农民家庭，从小练武，性情刚毅，不甘心平庸度过一生，和明太祖是同乡。

后来，加入义军的太祖回乡募兵，年仅二十二岁的徐达欣然应召。太祖很快发现徐达不仅武艺出众，而且谋略超人，逐渐对他委以重任。

当时，义军众将领之间勾心斗角、互争地盘，明太祖认为这样下去难成大事，于是率领二十四名骨干离开了他们，自立门户。后来，这二十四人都成为辅佐明太祖开国的功臣，合称“淮西二十四将”，而徐达排名第一。

有一次，明太祖攻打和州（今安徽省和县）时，被另

一名义军首领抓走作人质，徐达提出用自己换回太祖，成功化解危机。

不久，太祖决定占领集庆（今南京市）作为根据地，徐达冲锋陷阵，一路攻城略地，最终占据了以集庆为中心的大片地方，太祖将集庆改名应天府，让徐达独当一面，代替自己出征。

应天府自古以来便是虎踞龙盘的战略要地，明太祖占领应天府后，引起了四周义军的嫉妒，地处长江中上游的陈友谅最为警觉，前来进攻太祖。

徐达当仁不让，积极运用计谋，多次击败陈友谅。他曾用离间计，诱使陈友谅杀掉麾下一名智勇双全的大将；又用伏兵之计，一面诱导陈友谅进军，一面派兵埋伏在九华山下，截断其后路。当陈友谅的军队抵达城下，只听城内骤然响起战鼓声，刹那间城外伏兵四起，城内精兵尽出，内外夹击，陈友谅的军队大乱，一万多人被斩首，三千人被生擒。

经过几年鏖（áo）战之后，陈友谅与明太祖在鄱阳湖迎来了一场决战。当时，陈友谅无论财力还是军力，都占据明显优势。

第一天交战，徐达身先士卒，指挥将士英勇拼杀，一举击败敌军的先锋部队，使军威大振。战斗中，徐达的战船着火，他奋不顾身地扑灭大火，继续坚持战斗，在援军帮助下顽强冲杀，终于击退敌军，摆脱了险境。

明太祖见徐达带领的军队如此上下一心，顿时信心大增，决意与陈友谅战斗到底。后来，太祖担心东部的敌人张士诚趁机偷袭后方，命令徐达回军守卫应天府。

徐达回到应天府后，告诫士卒严加守备，张士诚不敢妄动。太祖没有了后顾之忧，最终大败陈友谅。随后，徐

▼ 徐达在鄱阳湖与陈友谅大战

达肃清陈友谅的残余势力，又率兵东征张士诚，几年间便帮助太祖一统南方。

明太祖即位后，命徐达为主将，率领明军主力北伐元朝。此时的元帝国早已腐朽不堪，民心尽失。

面对明军的攻势，各地元军守将纷纷投降，皇帝与大臣早已逃亡漠北，京城大都（今北京市）无人守卫。徐达北伐不到一年，便攻克了大都，元朝正式灭亡。

元朝虽然灭亡，但退居漠北的北元实力尚存。北元大将王保保拥兵十万，坐守太原府（今太原市），是明军的劲敌。王保保由太原北上大都，想要与徐达决战。

徐达接到消息后，并不回师救援大都，反而直接攻打太原府。王保保听说太原告急，急忙率数万骑兵回师救援，在太原府下邀徐达决战。徐达按兵不动，避其锋芒，连夜派出奇兵偷袭王保保大营。

徐达身先士卒，骑着乌骓（zhuī）马，明军在黑夜之中仿佛天降神兵，所向披靡。王保保还没来得及出战，就在败兵的护卫下逃跑了。

后来，王保保与徐达又在定西（今甘肃省定西市）以北决战，交锋之下，徐达全歼王保保的主力军。从此，北元势力逐渐退回草原。为了彻底击败北元，在后来的十多年里，明太祖多次派遣徐达北征，屡战屡胜，巩固了明朝

的边疆。

徐达不仅武略超群，而且为人宽厚仁义，治军有方，善于安抚将士，因此攻无不克。每攻下一座城池，从来不像其他武将一样烧杀抢虏，而是维护百姓的正常生活。在军中，他发令如山，从不改变，众将都凛然受命，丝毫不敢违背。在明太祖面前，他从不骄傲自满，而是谨言慎行，深受赏识。

1385 年，徐达病重去世。徐达战功显赫，出将入相，明太祖听说消息，悲痛异常，亲自参加葬礼。明太祖高度评价徐达说："一贯不骄不傲，不爱女色，不贪财宝，公正无私，像日月一样光明磊落。世界上有这样美德的人，唯有大将军一人而已！"

经典原文与译文

【原文】帝尝从容言："徐兄功大，未有宁居，可赐以旧邸。"旧邸者，太祖为吴王时所居也。达固辞。一日，帝与达之邸，强饮之醉，而蒙之被，舁（yú）卧正寝。达醒，惊趋下阶，俯伏呼死罪。帝觇（chān）之，大悦。——摘自《明史 · 卷一百二十五》

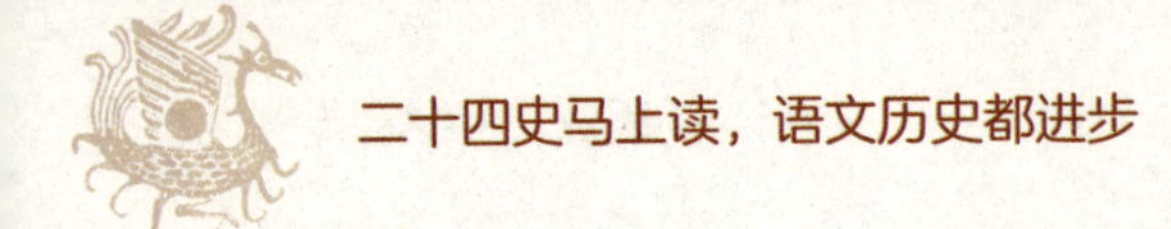

【译文】明太祖曾经从容地对徐达说：“徐兄功劳很大，还没有一个安定的住处，我可以将旧邸送给你。”旧邸，是太祖做吴王时居住的地方。徐达坚决推辞。有一天，皇帝和徐达一起去旧邸，硬把徐达灌醉，然后给他盖上被子，抬到正室睡觉。徐达醒后，惊慌地跑下台阶，俯首跪在地上自呼死罪。皇帝从旁窥视，看到他这么害怕，非常高兴。

批亢捣虚：扼敌人的要害乘虚而入。

令行禁止：一有命令就立刻行动，一有禁令就马上停止。形容执行命令、法令严格，雷厉风行。

同甘共苦：比喻同欢乐，共患难。

李善长列传

李善长（1314—1390年），字百室，濠州定远县（今滁州市定远县）人。明朝开国功臣。

明太祖的“萧何”

李善长年少时就喜欢读书，心怀高远，又富有智谋，精通法家学说，预测事情很少有说不中的，在当地很有名声。

明太祖平定滁州（今滁州市）时，李善长前去投奔。太祖问他关于平定天下的事情，他举秦朝末年汉高祖崛起的例子，告诉太祖如果像汉高祖一样知人善任，注重仁德，就可以轻松平定天下。太祖深以为然，很欣赏李善长的才能品行，以礼待他。

此后，李善长便伴随明太祖左右，为他出谋划策，深受信任。随着太祖的名声变大，吸引许多人前来投靠。

▲ 李善长投奔朱元璋

李善长就负责检验他们的才能，逐一禀报太祖，同时替太祖传达慰问于众人。太祖麾下有人闹矛盾，也是李善长想办法从中调节，团结人心。

当时，起义军将领互相争权夺势，见明太祖逐渐发展起来，便传播谣言打压太祖，逐渐剥夺他的兵权。还有人想趁机把李善长纳入麾下，许诺更好的职务，李善长不为所动。太祖得知后，对他更加看重。

有一次，明太祖亲自率军外出征战，带走了大部分兵力，元军趁机前来偷袭大本营。面对危机，李善长冷静应对，利用少量兵力设下埋伏，成功打败元军。

太祖出战时，李善长就负责管理后方，确保秩序稳定，同时筹措粮草，保障运输畅通，大家都听从他的调遣，人心很稳固，极大地解决了后顾之忧。

朱元璋担任吴王之后，让李善长主管国政。李善长通晓典故，裁决事务很迅速，在元朝制度的基础上修订了盐法、茶法、钱法等一系列法规，促进经济发展，人民安居乐业。

李善长还主持制定法律。有一天，太祖问他说："法律规定的连坐罪有三条，是不是太多了？"李善长趁机请求除了大逆不道罪以外，免除其他连坐罪，以示天下已经太平。

1370年，明太祖称帝已经三年，决定大封功臣，说："李善长虽然没有汗马功劳，但跟在朕身边这么久，负责后勤，供应粮草，功劳很大，应该晋封大国国公。"于是加官进爵，授予三道免死金牌。

当时，被封国公的开国功臣有六人，李善长位列第一。太祖在诏书中将他比作汉高祖的萧何，极力称赞。

李善长位极人臣，一天天变得傲慢。虽然外表温和，心里却爱嫉妒，为人苛刻。有官员稍微冒犯，他就向明太祖数落他们的罪过，予以黜免。

有一次，开国功臣刘基与李善长争论法令，李善长竟然辱骂刘基，刘基内心恐惧，只好告老还乡。太祖察觉到了这点，开始不喜欢他了。

丞相胡惟庸谋反案发，很多人受牵连被处死，而李善长弟弟的儿子，也就是胡惟庸的侄女婿却幸免于难。后来，有人告发此事，但太祖没有处死他弟弟父子，反而妥善安置。李善长并没有感谢太祖，太祖很不高兴。

1390 年，有一群百姓被流放边疆，其中有李善长的亲戚，他便几次请求明太祖赦免他们。太祖很生气，不但没有答应，反而将他的亲戚治罪。

这个亲戚以前在胡惟庸家做事，举报了与胡惟庸相关的人，经过层层关系牵扯到李善长，供认说胡惟庸企图谋反，多次劝李善长一起谋反，李善长不同意，只是叹气说："我已经老了，我死之后，你们好自为之。"

李善长的仆从也告发他与胡惟庸之间互相赠送礼物，经常偷偷商量什么。于是，官员们争相弹劾李善长。最后，太祖将李善长一家七十多人全部处死，李善长终年七十七岁。

明太祖曾经说："李善长的功劳，别人不一定知道，朕心里清楚。当年萧何的功绩，千年以来人人传颂。但和

李善长相比，萧何未必能比得过。”

然而，最后君臣嫌隙，李善长落得了完全不同于萧何的悲惨结局。

经典原文与译文

【原文】太祖略地滁阳，善长迎谒。知其为里中长者，礼之，留掌书记。尝从容问曰："四方战斗，何时定乎？"对曰："秦乱，汉高起布衣，豁达大度，知人善任，不嗜杀人，五载成帝业。今元纲既紊，天下土崩瓦解。……法其所为，天下不足定也。"太祖称善。——摘自《明史·卷一百二十七》

【译文】明太祖朱元璋平定滁州，李善长迎接谒见他。太祖知道李善长是乡里的长者，对他以礼相待，并留他主管书记事务。太祖曾经从容地问李善长："天下的战争什么时候能平定呢？"他回答："秦末战乱，汉高祖从普通百姓中崛起，性格豁达大度，知人善任，不胡乱杀人，五年成就了帝王的基业。现在元朝纲常已经混乱，国家四分五裂。……如果效法汉高祖的所作所为，天下就很容易平

定了。”太祖称赞他说得有道理。

知人善任： 指善于识别人才、使用人才。

龃龉（jǔ yǔ）： 上下牙齿对不齐。比喻意见不合，互相抵触。

刚愎（bì）自用： 愎，固执。倔强固执，自以为是。形容十分固执己见，不接受别人的意见。

刘基列传

刘基（1311—1375 年），字伯温，处州府青田县（今浙江省文成县）人。元末明初的政治家、文学家，明朝开国功臣。

刚正不阿的开国谋臣

刘基从小聪慧，热爱学习，在父亲的教导下读书，十二岁就考中了秀才，被乡人称为神童。

刘基十四岁跟随老师学习《春秋》，《春秋》是一部隐晦艰涩、内容深奥的儒家经典，一般人根本不懂什么意思，刘基很快就能倒背如流，还能根据文义阐发出精深奥妙的道理，提出前人不曾提过的观点。

刘基博览群书，诸子百家没有不通晓的，尤其爱好天文地理、兵法数学，潜心钻研之后，十分精通。

刘基二十三岁时，一举考中进士，由于元末战乱频繁，

三年后才担任高安县（今江西省高安市）副县长。他刚正不阿、执法严明、体恤民生，为官五年间，不仅严惩当地几个劣迹斑斑的豪强恶霸，并且大力整治县衙内贪赃枉法的官吏，改善了社会风气。

此后，刘基几次任官而又辞官，每次任官时间都不长，但均忠于本职，不事权贵。最终因为对黑暗的政治环境不满，辞官还乡，过着半隐居的生活。

1360年，已经攻下应天府（今南京市）的明太祖把时年五十岁的刘基请来做谋臣。此时，明太祖虽然在应天府站稳了脚跟，但西边有陈友谅，东边有张士诚，东南有方国珍，南边有陈友定等反元起义军，他们都对应天府虎视眈眈。面对这一局面，刘基提出避免两线作战、各个击破的方针，太祖欣然采纳。

不久，实力最强的陈友谅与张士诚相约，东西合击应天府，企图一举消灭明太祖。消息传来，人心大震。太祖召集众人商量对策，一时众说纷纭，唯有刘基沉默不语。太祖知道刘基心里有见解，跟他单独商量。

刘基分析说："陈友谅是我们最大的敌人，必须要斗争到底；这一仗十分关键，凡是主张投降或者逃跑的人，应该杀掉以免扰乱军心；况且他过分骄傲，根本没把我们放在眼里，应该利用这一点把他引诱到伏兵之地，以奇制胜。”太祖采纳了刘基的计谋，果真消灭了陈友谅。

明太祖平定南方后，制定灭元计划，也十分重视刘基的意见，甚至让他筹划全局。刘基为太祖谋划军机，前后共八年。

明太祖建国后，因为刘基明于法律，刚正不阿，让他主管制定法律。刘基鉴于宋、元两朝灭亡的教训，认为应该整肃纲纪，于是下令御史检举弹劾违法行为，无论是谁，只要犯了错，必须依法惩戒。

当时，明太祖的重臣李善长私宠官员李彬，李彬犯事，他请求从宽发落，刘基拒绝，将李彬斩首。从此李善长对刘基怀恨在心，便状告太祖，其他人也趁机诬陷刘基，刘基主动请求辞官还乡。太祖追忆刘基的功劳，多次要论功进爵，刘基都推辞不受。

后来，李善长辞去丞相之职，明太祖想任命杨宪做丞相。杨宪与刘基关系很好，可刘基却极力反对，说杨宪没有做丞相的气量，无法公平公正地裁决事务。

太祖又问汪广洋和胡惟庸怎么样，刘基详细说明他们不适合做丞相的原因，表示否决。太祖说：“看来朕的丞相，只有先生你最合适了。”刘基辞谢，说自己嫉恶如仇，不耐烦剧，也不适合做丞相。后来，那三个人果然都因事获罪。

刘基还是元明之交一位举足轻重的文学家，有很高的文学成就。他的诗、词、文及寓言文学，都对后世产生了重要影响。

1375 年，已经辞官在家的刘基得了风寒，明太祖知道后，派去御医探望。刘基按照御医的药方服药，感觉并未好转，于是在觐见太祖时委婉说明情况。太祖听了之后并不以为意，刘基似乎懂了太祖的意思，回家后便不再服

▼ 刘基临终交代后事

药，任由病情恶化。

刘基自知时日无多，找来两个儿子交代后事，说："本来我想写一篇详细的遗表，向皇上贡献最后的心意，但胡惟庸还在，写了也是枉然。不过，等胡惟庸失势，皇上必定会想起我，会向你们询问我临终的遗言，那时你们再将我这番话密奏吧！"不久，刘基去世，享年六十五岁。

刘基一生成就颇多。有人评价他说："不曾见过有像刘伯温刘公这样既建立了开国的勋业，又作出传世文章的人，他可以说是千古以来的人中豪杰了！"

经典原文与译文

【原文】及善长罢，帝欲相杨宪。宪素善基，基力言不可，曰："宪有相才无相器。夫宰相者，持心如水，以义理为权衡，而己无与者也，宪则不然。"帝问汪广洋，曰："此褊（biǎn）浅殆甚于宪。"又问胡惟庸，曰："譬之驾，惧其偾辕也。"……后宪、广洋、惟庸皆败。——摘自《明史·卷一百二十八》

【译文】等到李善长被罢官，明太祖想任命杨宪为丞相。杨宪和刘基的关系向来很好，刘基却极力反对，说：“杨宪有做丞相的才能，但没有做丞相的气量。宰相，保持心境像水一样清明平正，用义理作为标准，而不掺杂个人私见，杨宪却不是这样。”太祖问汪广洋如何，刘基说：“这个人气量狭小，几乎超过杨宪。”太祖又问胡惟庸怎样，刘基说：“好比驾车，害怕他掀翻车辕。”……后来杨宪、汪广洋、胡惟庸都出事被杀。

词语积累

阐幽发微：阐发精深奥妙的道理。

不以为意：不在意，不把它放在心上。表示轻视。

方孝孺列传

方孝孺（1357—1402年），字希直，一字希古，号逊志，台州府宁海县（今宁波市宁海县）人。明朝著名的忠臣、文学家。

血泪铺就的忠君之路

方孝孺自幼聪明好学，一双眼睛炯炯有神，求知若渴，每天读的书籍超过一寸厚，乡邻称他为“小韩愈”。

方孝孺长大后，跟随当时的著名学者宋濂学习。宋濂门人众多，其中不乏知名人士，方孝孺最为优秀，就连很多前辈都自愧不如。

宋濂是文坛领袖，但方孝孺并不注重学习文章辞藻，而是将明王道、致太平作为人生志向。

有一次，方孝孺生病在床，家人告诉他家里没有粮食了，他却笑着说：“古人曾经三十天只吃九顿饭，难道只有我

才贫穷吗？”

方孝孺二十六岁时，因为有人推荐，首次被明太祖召见。太祖见方孝孺举止俨然，对太子说：“这个人品行端庄，你要任用他一辈子。”于是按照礼节送方孝孺回家。

后来，因为仇家的牵连，方孝孺被抓捕到京城。太祖在案卷上看到他的名字，就释放了他。

十年后，方孝孺又因为有人推荐，第二次被明太祖召见。太祖看着文质彬彬的方孝孺说：“现在还不是任用你的时候。”让他去汉中府（今陕西省汉中市）当教授。

方孝孺每天为儒生讲学，毫不懈怠，颇有威望。当时，太祖的儿子蜀献王在成都府（今成都市），听说了方孝孺的名声，聘请他教育自己的儿子。为了表示敬重，蜀献王将自己读书的房屋命名为“正学”。

建文帝即位后，召方孝孺回南京（今南京市），开始重用。每逢国家重大政务，都会向他咨询。朝堂之上，群臣面议国事是否需要实施，建文帝甚至让方孝孺到屏风前批答文书。修撰《太祖实录》等诸多国家大典，方孝孺都担任总裁。

1401年，当时还是燕王的明成祖发动的“靖难之役”进行到第三年，燕军屡屡战败。成祖无奈，上书请求建文帝停战，方孝孺坚决反对。

他知道成祖的两个儿子为争夺世子之位,相互有矛盾,便派锦衣卫官员前往北平（今北京市），将加盖了皇帝玺印的书信赐予燕王世子。燕王世子不但没有启封书信，还将锦衣卫官员送往成祖军中。方孝孺的离间计最终失败。

1402 年，燕军兵临南京城下。方孝孺建议建文帝向成祖割地议和，以此拖延几天，等待勤王的军队集结。成祖拒绝议和，方孝孺的缓兵之计无法实现，朝堂一片惶恐。

许多大臣劝说建文帝先逃往其他地方,来日再图复兴。方孝孺坚决请求建文帝固守南京，等待援军。即使守卫失败，也是为国家而死。最终，燕军入城，建文帝自焚而死，方孝孺被抓进监狱。

当初，明成祖从北平（今北京市）出发攻打南京，谋士姚广孝再三嘱托成祖说：“攻下南京后，方孝孺肯定不会投降，请不要杀他。杀了方孝孺，天下读书的种子就灭绝了。”成祖点头答应。

等到明成祖夺得皇位，请方孝孺起草即位诏书。方孝孺哭着来到大殿，成祖走下御座安慰道：“先生别再忧苦，朕不过是效仿周公辅佐成王罢了。”方孝孺问：“周成王在哪儿？”成祖说：“他自焚死了。”方孝孺问：“为什么不立成王的儿子？”成祖说：“国家需要成年的君王。”方孝孺又问：“为什么不立成王的弟弟？”成祖不耐烦，应付说：“这是我们朱家的家事。”说罢准备好纸笔，强硬地说：“这诏书，必须由先生起草。”方孝孺悲愤地将笔扔在地上，边哭边骂：“死就死，诏书我绝对不会起草。”成祖恼羞成怒，下令将方孝孺施以车裂之刑。

方孝孺毫不畏惧，作《绝命词》慷慨赴死，时年

▼ 方孝孺以死拒写诏书

四十六岁。他的妻子儿女也全部自杀，无一人苟活。

方孝孺同时也是著名的文学家，政论文、散文、诗歌均有很高的成就。他死后，他的作品被列为禁书，幸而有人冒死藏匿，得以流传至今。

方孝孺以一介书生，忠于君主，杀身成仁，赢得了后世的广泛赞誉。但他多次献计不成，谋国无能，也体现了缺乏治国能力的迂腐。

经典原文与译文

【原文】长从宋濂学，濂门下知名士皆出其下。先辈胡翰、苏伯衡亦自谓弗如。孝孺顾末视文艺，恒以明王道、致太平为己任。尝卧病，绝粮。家人以告，笑曰："古人三旬九食，贫岂独我哉？"——摘自《明史·卷一百四十一》

【译文】方孝孺长大后跟随宋濂学习，宋濂门下知名的读书人都比不上他。前辈胡翰、苏伯衡也自认不如他。方孝孺看不起文学创作，一直将阐明王道、使天下太平作为自己的责任。他曾经生病卧床，没有粮食。家人告诉他

此事，方孝孺笑着说：“古人三十天吃九顿饭，难道只有我才贫穷吗？”

求知若渴：探求知识像口渴想喝水一样迫切。形容求知的愿望十分迫切。

文质彬彬：原指人的文采与实质相符合。后来形容人的气质文雅，有礼貌。

任重道远：担子很重，路程又长。比喻责任重大，需要长期艰苦奋斗。

杀身成仁：为了成就仁德而不惜舍弃生命。后指为正义或崇高的理想牺牲生命。

姚广孝列传

姚广孝（1335—1418年），法名道衍，字斯道，号独庵老人，苏州府长洲县（今江苏省苏州市）人。“靖难之役”的主要策划者，明朝著名政治家。

离经叛道的“黑衣宰相”

姚广孝出生于医学世家，十四岁时出家为僧，法名道衍。他身为僧人，却拜道士为师，学习阴阳术数。后来精通儒、释、道三教的学问。

道衍年轻时曾到嵩山寺游玩，一位相士见到他，大惊失色地说：“这是什么僧人啊！眼睛呈三角形，形体像是生病的老虎一样，一定生性喜欢杀戮。”道衍听了这话，感到很高兴。

明太祖在位，诏令全国精通儒术的僧人到礼部应试。善儒的道衍被召入京师，没有得到僧官，只获赐僧衣。

道衍回乡途中，游览北固山，赋诗抒发志向，诗中有“萧梁帝业今何在”之句，同行的僧人见状，连连叹息道：“这哪里是出家人该说的话啊！”道衍笑而不答。

1382 年，明太祖挑选高僧跟随各位藩王，道衍得到推荐，成为被挑选的僧人之一。此前，他与当时还是燕王的明成祖相谈甚欢，便主动要求跟随成祖来到藩地北平。道衍时常出入燕王府，与成祖密谈。

建文帝即位，开始实施削藩的国策，逐渐威胁到明成祖，道衍便劝说成祖起兵反抗。成祖犹豫不决：“现在百姓都支持朝廷，怎么办？”道衍说：“臣只知道天道，不谈民心。”在道衍的游说下，成祖最终决定造反。

道衍在燕王府后苑帮助明成祖训练兵马，修建地穴，打造兵器。为了防止走漏风声，饲养大量的鹅鸭来掩盖声音。

到了出兵那天，突然刮起一阵大风，吹掉了房檐上的瓦片，成祖觉得兆头不好，忧心忡忡。道衍说：“这是吉兆啊！自古以来飞龙在天，必然有风雨相随。如今王府的青瓦掉落，说明将要换成皇帝专用的黄瓦了。”

明成祖起兵之后，道衍辅佐当时还是燕王世子的明仁宗在北平留守。朝廷大军主帅趁着成祖不在，全力围攻北平。兵临城下，局势危急，道衍镇定指挥军队，不

但击退了朝廷大军的进攻，还在半夜时用绳子将士兵吊着送出城外，与明成祖的援军前后夹攻，大破朝廷军队。

战争进行到第三年，明成祖虽然胜多败少，但终究无法与朝廷举全国之力相抗衡。道衍意识到，如果只在意一城一池的得失，绝不可能取得全局的胜利，便向成祖提出至关重要的建议："直接迅速攻打京城南京，那里兵力薄弱，一定能攻下。"成祖采纳了他的建议，果然连败朝廷军队，占领了京师。

1402 年，明成祖称帝，赐予道衍官职。1404 年，道衍恢复姚姓，赐名广孝。成祖十分敬重姚广孝，每次和他交谈，不直呼其名，而称为少师。

后来，成祖想加倍回报姚广孝，命令他蓄发还俗，姚广孝拒绝。成祖赏赐他府邸、宫女，姚广孝也不接受，仍然居住在寺庙中，上朝便穿朝服，退朝就换回黑色僧衣。

姚广孝曾经代表朝廷到地方赈灾，明成祖征伐蒙古时，他留在南京辅佐太子监国，后来又奉命教导皇长孙，也就是后来的明宣宗。

姚广孝学识渊博，曾经主持重修《太祖实录》，还参与编撰《永乐大典》，为我国文化历史做出了巨大的贡献。因为这些成绩，姚广孝被称为"黑衣宰相"。

姚广孝晚年写作《道余录》，对从前大儒的观点逐一

批驳，被当时的舆论看不起。他回到故乡长洲县问候姐姐，姐姐居然不让他进门。他去拜访少时的朋友，朋友不但不见，还远远地说："和尚错了！和尚错了！"姚广孝再去见姐姐，又被责骂，一时之间感到茫然。

1418 年，姚广孝重病，无法上朝。明成祖多次探望，询问他还有什么愿望。姚广孝说："僧人溥（pǔ）洽已经在牢房里关了很久，希望能够赦免他。"

▼ 姚广孝临终嘱托

当年，成祖进入南京城，没有找到建文帝，有人说溥洽知道去向，因此将他关了十多年。如今因为姚广孝的求情，成祖马上释放了溥洽。

不久，姚广孝病逝，终年八十四岁。姚广孝以文臣身份配飨(xiǎng)明成祖庙庭，是明朝第一人，也是唯一一人。

姚广孝协助明成祖以区区北平一城之地，力战全国，最终获胜，在我国历史上绝无仅有，因此成为著名谋臣之一。

经典原文与译文

【原文】晚著《道余录》，颇毁先儒，识者鄙焉。其至长洲，候同产姊，姊不纳。访其友王宾。宾亦不见，但遥语曰："和尚误矣，和尚误矣。"复往见姊。姊詈(lì)之。广孝惘然。——摘自《明史·卷一百四十五》

【译文】姚广孝晚年著有《道余录》一书，对前代大儒有些诋毁，有见识的人鄙视他。他来到长洲县，问候同胞姐姐。姐姐拒而不见。去拜访朋友王宾，王宾也不见他，只远远地对他说："和尚错了，和尚错了。"再次去见姐

姐，姐姐责骂他。姚广孝感到惘然若失。

黑衣宰相：黑衣，僧人穿的黑色僧衣。指参与政事并且影响国事决策的僧人。他们大多在朝为官，同时也出家为僧。

大惊失色：非常害怕，脸色都变了。

忧心忡忡：形容忧愁不安的样子。

飞龙在天：比喻帝王在位。

解缙列传

解缙（jìn）（1369—1415 年），字大绅，号春雨、喜易，吉安府吉水县（今江西省吉水市）人。明朝大臣、文学家，明朝三大才子之首。

个性耿直的倾世之才

解缙出生于书香门第之家，五岁时听一遍诗文，便能倒背如流；十岁时背诵一篇千字文章，能够终生不忘；十一岁读遍《四书》《五经》，对其中的奥义融汇贯通。

解缙十九岁第一次参加乡试，名列榜首。第二年考中进士，被选为随侍皇帝的庶吉士，很快担任翰林学士。

明太祖非常赏识解缙，常把他带在身边。有一天，太祖对解缙说："从道义上讲，朕与你是君臣，但从恩情上讲，情同父子。所以，你应该知无不言。"解缙就呈上一封万言书，痛斥朝廷弊病，言辞恳切，内容翔实，见解独到，

太祖读后赞不绝口。

解缙刚入仕不久，就曾指责兵部官员玩忽职守，得罪了兵部尚书，尚书诬告他，明太祖也觉得解缙锋芒太露，将他贬官。不久，宰相李善长因谋反罪被处死，解缙帮助别人起草奏疏，替李善长鸣冤。

当时，朝廷近臣的父亲都可以入宫觐见皇帝，解缙的父亲进宫后，明太祖对他说："把你的儿子带回去吧，让他再苦学一段时间，十年之后回来，到时候再重用也不晚。"

解缙回家八年后，明太祖驾崩，他的孙子建文帝继位。解缙进京吊丧，被仇人诋毁，再次被贬官。四年后，因为礼部侍郎董伦说了不少好话，解缙才得以回京复职。

"靖难之役"后，明成祖继位。成祖雄才大略，下令组建文渊阁，解缙等一批大臣入阁参与军政要务，这便是明朝内阁制度的发端。因为解缙才华卓著，成祖让他主管《太祖实录》和《列女传》的编修。

不久，明成祖又让解缙主编一套丛书，要求收集从有文字记载以来的全部书籍，按类分好，编为一套书，不必考虑繁浩。解缙马上组织了一百多人，历时一年编成。

成祖看后，很不满意，下令重编，重新配置了全新阵容的领导班子，解缙依然主持事务，发挥了关键作用。三年后，此书编成，成祖赐名《永乐大典》。

解缙编撰《永乐大典》

《永乐大典》共两万两千八百七十七卷，成书一万一千零九十五册，约三亿七千万字，动用了三千多人。内容涵盖了中华民族数千年的文化知识，被誉为全世界有史以来最大的百科全书。

此时，解缙身居首辅之位，深得明成祖信任。有一次，成祖对解缙等人说："你们朝夕与朕相伴左右，朕也看到了你们做事辛劳，为人庄重。做人做事都是开始时容易保持谨慎，但是长久地坚持很难，希望你们能够共勉！"此后，解缙等人经常进谏，成祖都虚心接受，这也是解缙仕途最得意的时期。

1405 年，明成祖召见解缙，磋商册立太子。成祖原本想立二儿子朱高煦（xù）为太子，解缙直言不讳地说："自古以来的传统，都是立长不立幼。皇长子仁孝，天下人心归附，若是放弃长子而立次子，必将引起纷争。这个先例一开，恐怕将来再也没有安宁之日了！"

明成祖听后面露不悦，解缙叩头说了三个字"好圣孙"，而后，君臣相视一笑，朱高炽（chì）最终成为太子，就是后来的明仁宗，"圣孙"则是仁宗的儿子明宣宗。朱高煦得知此事，对解缙怀恨在心。

朱高炽虽然被册立为太子，但并不合明成祖心意，朱高煦反而日益受宠，礼仪等级也高于太子。解缙因此劝谏说："这样做只会引发争端，万万不可啊！"成祖怒斥说："你这分明就是挑拨我们父子关系！"从此，解缙的恩宠开始衰减。

不久，明成祖赏赐几位宠臣二品纱罗衣，唯独不给解缙。朱高煦借机联合素日与解缙有仇的官员，诬告他泄露宫中密语，解缙被贬到交趾（今越南）。

1410年，解缙进京奏事，恰好明成祖北征不在京城，只好拜谒太子朱高炽后返回。朱高煦再次趁机诬告："解缙就是看准了皇帝出行，私自拜见太子，丝毫不顾人臣之礼！"成祖因此震怒，下令将解缙逮捕入狱。

1415年，锦衣卫长官纪纲向明成祖呈送囚犯名单，成祖看到解缙的名字，问道："解缙还活着啊？"纪纲闻言，回去将解缙灌醉，直接埋进了雪中。可叹一代才子忠臣，被寒了心，也寒了身，享年四十七岁。解缙死后被抄家，妻儿宗族被流放。

经典原文与译文

【原文】缙少登朝，才高，任事直前，表里洞达。引拔士类，有一善称之不容口。然好臧否（zāng pǐ），无顾忌，

廷臣多害其宠。又以定储议，为汉王高煦所忌，遂致败。——摘自《明史·卷一百四十七》

【译文】解缙年纪轻轻入朝为官，才能很高，敢于任事，勇往直前，表里如一。引荐提拔士人，只要有某一方面的长处，便赞不绝口。但是喜好品评人物，无所顾忌，很多朝臣忌妒他受宠。又在议定太子的问题上，被汉王朱高煦忌恨，最终导致失败。

词语积累

离间骨肉：离间，从中挑拨，造成分离；骨肉，至亲的亲人。挑拨骨肉亲情的关系。

大器晚成：大的材料需要很久才能做成器具。比喻能承担大事或干出大事业的人，取得成就的年龄比较大。

杨士奇列传

杨士奇（1365—1444年），本名杨寓，字士奇，号东里，吉安府泰和县（今江西省泰和县）人。明朝前期重臣、学者。

修身治国的宰辅重臣

杨士奇一岁时父亲去世，母亲改嫁到罗家，便改姓罗。罗父有感于杨士奇的孝道，让他恢复杨姓。杨士奇喜欢研究学问，成年后靠教书赚钱奉养母亲。

建文帝继位后，召集天下儒生编修《太祖实录》，杨士奇被推荐为编撰官。

不久，吏部为参与修史的文臣举行了一次考试，吏部尚书看到杨士奇的试卷后，惊叹道："这不是一个编撰经书人的言论！"奏请他为第一名。

明成祖登基后不久，杨士奇进入内阁，参与决策国家

大事。杨士奇性格严谨，在家绝口不谈公事，面对皇帝举止恭敬，善于应答。与人交谈时总有真知灼见，经常帮别人掩盖小过失。

有一次，广东一位地方官叫徐奇，赠送了一些特产给内廷官员，送礼名单不慎被成祖知道。成祖见名单上没有杨士奇的名字，便问他原因。

杨士奇说："徐奇去广东任职时，群臣都去送行了，当时臣恰好生病没有去,所以没有臣的名字。如果臣没生病，说不定就有了。何况这些特产不值钱，说明不了什么问题。"成祖便将名单烧掉了。

1408 年，明成祖北巡，让杨士奇等人辅佐太子朱高炽（chì）监国。太子热衷文学，欣赏当朝儒士王汝玉，让他给自己讲作诗之法。

杨士奇劝谏道："陛下应当专心研读《六经》，如果有空闲时间，则研习两汉时期的诏令。诗歌毕竟只是雕虫小技，并不能治国安邦！"太子表示认同。

"靖难之役"时，明成祖的二儿子朱高煦（xù）多次立下战功，成祖曾允诺让他做太子，后来只封为汉王，朱高煦心生怨恨。成祖又格外宠爱小儿子朱高燧（suì），朱高煦和朱高燧便联手离间太子。

1411 年，成祖北征回到南京（今南京市），召见杨士奇，询问太子监国的情况。杨士奇盛赞道："太子孝顺恭谨，很有天资，但凡犯了错，一定会立即改正。他胸怀宽广，有仁爱之心，一定不会辜负陛下的重托！"成祖很高兴。

几年后，明成祖北征回朝，慢慢听说了朱高煦迫害太子的事情，便询问太子属官蹇（jiǎn）义，没有得到答案，于是询问杨士奇。

杨士奇说："臣与蹇义都侍奉太子，外人不敢跟我们提及汉王的事情。但是，陛下两次让他就藩，他都不去。现在即将迁都北京（今北京市），他却请求留守南京。请陛下考虑他意欲何为。"成祖沉默不语，几天之后裁减了汉王的护卫，将他安置到远地。

明成祖驾崩后，儿子明仁宗即位。有一次，尚书李庆建议将军队多余的马，分发给有关部门，而后每年向他们征收小马。杨士奇说："朝廷选拔贤才，授予官职，现在却让他们放马，这是重视畜生而轻视士大夫，该如何向后世交代！"仁宗竟然认同李庆的建议，两次驳回杨士奇的奏请。

过后，仁宗单独召见杨士奇，宽慰他说："朕对你一向信任，但是，李庆这些人憎恶你，朕担心你被孤立而受到中伤，这才反对你的意见罢了！"仁宗最终找到其他理由，驳回了李庆的请求。

1425 年，明仁宗的儿子明宣宗继位。明宣宗对杨士奇说：“太后曾对朕说，先帝在时，只有你敢于不避讳地谏言。先帝听从你的建议，不曾出过差错，太后嘱咐朕也要听得进忠言。”杨士奇欣慰地说：“陛下一定要牢记太后的这番盛德之言啊！”

当时，内阁中还有杨荣、杨溥（pǔ）二人，合称“三杨”。杨荣擅长军务，但喜欢接受礼物，边境将领每年都

▼ 杨士奇与杨荣、杨溥一起辅政

给他送马。明宣宗听说后，问杨士奇。

杨士奇说：“杨荣熟悉边境事务，臣等都不如他，陛下不应该介意这点小事。”明宣宗说：“杨荣曾经说你的坏话，你为什么还替他说话？”杨士奇说：“请求陛下像容纳臣一样宽容杨荣。”事情传到杨荣那里，他深感惭愧，自此与杨士奇结为好友。

明宣宗驾崩后，年仅九岁的明英宗继位。掌控朝政的太皇太后下诏，要求所有议案必须经由“三杨”裁决。随着明英宗长大，日益宠信宦官王振，杨士奇无力阻止。

1444年，八十岁的杨士奇病逝。他一生历仕五朝，任内阁辅臣四十余年，任首辅二十余年，见证了明朝最辉煌的时刻，辅佐四任皇帝，实现了“仁宣之治”的盛世，将自己的名字镌刻进了历史长河中。

经典原文与译文

【原文】帝监国时，憾御史舒仲成，至是欲罪之。士奇曰：“陛下即位，诏向忤旨者皆得宥（yòu）。若治仲成，则诏书不信，惧者众矣。如汉景帝之待卫绾（wǎn），不亦可乎？”帝即罢弗治。——摘自《明史·卷

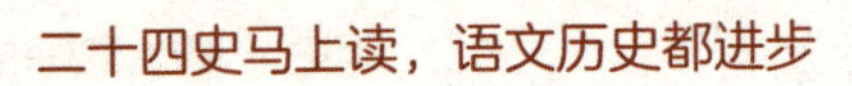

一百四十八》

【译文】明仁宗作为太子监国时，痛恨御史舒仲成，到这时想要加罪于他。杨士奇说："陛下即位后，下诏宽宥原先所有忤逆圣旨的人。如果将舒仲成治罪，那么诏书就会失去信用，很多人会感到害怕。像汉景帝对待卫绾一样，不也很好吗？"明仁宗立即放弃将舒仲成治罪的念头。

同心合德：德，志向。思想统一，信念一致。形容众人很团结。

于谦列传

于谦（1398—1457 年），字廷益，号节庵（ān），杭州府钱塘县（今浙江省杭州市）人。明朝名臣、军事家。

力挽狂澜的清流砥柱

于谦自幼苦读诗书，志向高远，将南宋民族英雄文天祥的画像挂在书房，作为榜样。

七岁那年，有个僧人为他看相，惊叹说："这个孩子将来能成为拯救时局的宰相！"二十四岁时，于谦考中进士，正式踏入仕途。

1426 年，于谦以御史的身份，随明宣宗平定了汉王朱高煦（xù）的叛乱，宣读他的罪状。于谦义正言辞，声色俱厉，朱高煦吓得连头都不敢抬，只能趴在地上瑟瑟发抖，口中一遍遍喊着罪该万死。

▲ 于谦斥责朱高煦

几年后，明宣宗破格提拔于谦为河南、山西的巡抚。于谦一到任，立刻微服私访，考察当地实情，遇到水旱灾害，片刻不耽误地呈报朝廷，政绩十分突出。

当时，朝政由杨士奇、杨荣和杨溥（pǔ）主持，合称“三杨”。于谦深受“三杨”器重，他早上呈递的奏章，傍晚就会得到批准。期间，于谦曾经短暂离职，数以千计的百姓请求朝廷让他留任，就连当地藩王也为此进言。

后来，太监王振开始掌权。王振肆无忌惮地弄权，明目张胆地收贿，群臣争相献媚。于谦每次进京议事，总是空手而来，不送任何礼品。

曾有人劝他至少带点土特产，于谦潇洒地甩了甩衣袖，说：“我只有这两袖清风。”在他治理地方的十九年中，恩威并重，深得百姓信服，山匪盗贼都不敢进入他的辖境。

明英宗即位的第十四年，于谦被召入朝担任兵部侍郎。第二年，北方蒙古族瓦剌部的首领也先大举进犯，王振想要趁机建立不世功勋，怂恿英宗御驾亲征。

于谦与兵部尚书邝埜（kuàng yě）极力劝阻，英宗一意孤行，于是由邝埜跟随皇帝管理军队，让于谦主持兵部工作。

不久，传来明英宗在土木堡（今河北省怀来县境内）被俘的消息，举朝震惊。英宗出征，带走了所有精锐部队，京城只留下不到十万的老弱兵卒。

郕（chéng）王朱祁钰（yù）监国，召集群臣商议对策。有大臣建议迁都，于谦说：“提议迁都的人应该斩首！京师是国家的根本，绝不能轻易变动，宋朝南渡的教训就在眼前！”于是让于谦担任兵部尚书，全权负责京城的防务。

不久，群臣要求处死王振全族，朱祁钰犹豫不决，下令择机再议。而王振的党羽马顺竟然站出来，厉声呵斥百官。突然，有人带头攻击马顺，众臣纷纷跟随，马顺当场毙命。

朱祁钰见此情景，惊惧万分，起身想要离去，于谦拉住他说：“马顺这些人论罪当诛，打死他是应该的！”众

人这才安定下来，而于谦的官服都被撕破了。

此事过后，朝堂上下无不对于谦心服口服，吏部尚书王直拉着于谦的手说：“国家正是依仗你的时候，像今天这样的情形，即便是一百个我，也实在难以应付啊！”

当时，国家没有君主，于谦请求太皇太后册立朱祁钰为皇帝，朱祁钰再三推辞。于谦说：“做出这个决定，并非为个人打算，而是为国家大局着想！”不久，朱祁钰即位，是为明代宗，遥尊明英宗为太上皇。

于谦担任兵部尚书后，立即整顿军队，严守边境。也先占不到便宜，打算求和，主动提出送还明英宗。王直等人想派使者前去迎接，明代宗很不高兴，说：“朕原本不想当这个皇帝，都是被你们推举上来的。”

于谦宽慰说：“皇帝既然已经确定，不会再改来改去。于情于理都该将太上皇请回，倘若也先使诈，我们也有充分的理由。”代宗这才面色缓和地说：“一切都依你。”不久，明英宗被接回，于谦功不可没。

明代宗赏赐于谦官服、财宝和豪宅，于谦推辞说：“国家多灾多难，身为臣子，怎么能坐享富贵？”代宗宠信于谦，其他朝臣常有非议，代宗的贴身太监辩护道：“他没日没夜地为国分忧，如此忠诚的人一旦不在了，上哪里去找像他这样的人呢？”

将领石亨功劳在于谦之下，却得到了世袭爵位，于是想顺水推舟，举荐于谦的儿子。于谦说：“国家正值多事之秋，石亨身为大将，为什么偏偏推荐我的儿子？”石亨羞愧不已，对于谦怀恨在心。

1457年，明代宗病重，石亨、徐有贞等人趁机拥护明英宗恢复帝位，向朝廷宣布完谕旨后，立刻将于谦等人逮捕入狱，处以死刑。

英宗不忍心杀于谦，犹豫地说：“于谦确实有大功！”徐有贞怂恿道：“于谦不死，复辟这件事就师出无名。”不久，于谦被公开处刑，将一腔热血洒在了曾经用生命守护的城池前。

于谦冤死一年后，边境告急，明英宗满面愁容，恭顺侯吴瑾（jǐn）说：“倘若于谦还在，敌人绝对不敢如此猖狂！”英宗后悔万分。又过了一年，于谦终于沉冤得雪，一代名臣，一片丹心，终将被历史铭记。

经典原文与译文

【原文】谦性故刚，遇事有不如意，辄（zhé）拊膺（fǔ yīng）叹曰：“此一腔热血，竟洒何地！”视诸选耎（nuò）

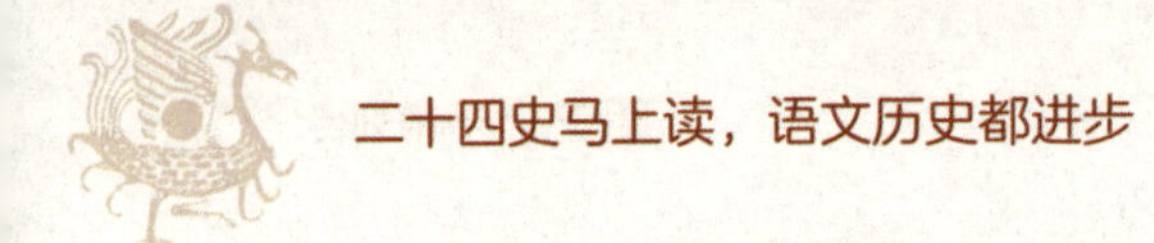

大臣、勋旧贵戚，意颇轻之，愤者益众。——摘自《明史·卷一百七十》

【译文】于谦的性情原本就刚烈，碰上不如意的事，总是捶胸叹息说：“我这一腔热血，究竟要洒向何方？”对待各位怯懦不前的大臣、勋旧贵戚，心里很看不起他们，于是怨恨他的人更多。

不共戴天：戴，顶着。不愿意与仇人生活在同一片天空下。形容仇恨非常深，且誓不两立。

防患未然：患，灾祸；未然，尚未形成。在灾祸发生之前，就应该进行预防。

王守仁列传

王守仁（1472—1529年），幼名王云，字伯安，别号阳明。浙江余姚县（今浙江省余姚县）人。明朝著名的思想家、军事家、教育家，“陆王心学”的集大成者。

明朝第一人

王守仁出生前夕，他的祖母梦见天神从云中降下送子，于是给孩子取名叫王云。王守仁五岁时还不能开口讲话，可把家里人急坏了。

有一天，一位高僧路过家门口，摸着他的头说：“多好的小孩儿啊，可惜名字道出了天机。”祖父连忙为他改名守仁，王守仁这才开口说话。

王守仁的父亲是科举状元，这种显赫的书香世家出身，使他从小受到良好的文化熏陶，志存高远，心思与

常人不同。

有一次，他与书塾先生探讨天底下最要紧的事，先生认为是科举做官，王守仁却说：“科举不重要，做圣贤才重要！”

王守仁立下做圣贤的理想后，时时注意追寻圣人的踪迹。十七岁那年，他前往南昌（今南昌市）结婚，可就在婚礼当天，大家发现新郎失踪了。

原来，这天王守仁出门闲逛，遇到一名打坐的道士，便向道士请教，道士给他讲解了一番养生术，他便与道士相对静坐，以至于忘了婚礼之事。

王守仁十八岁时，开始接触理学大家朱熹的“格物致知”之学，不禁大喜，以为找到了入圣之门。为了实践这门学问，王守仁下决心要探究竹子的道理，坐在竹林前“格”了整整七天七夜的竹子。而竹子稳如泰山，丝毫没有被他的虔诚打动，王守仁反而大病一场。这就是我国哲学史上著名的“守仁格竹”。

二十一岁时，王守仁第一次参加乡试考中举人，接着连续两次参加会试，都没有考中进士。他的状元父亲连忙宽慰，王守仁反而笑着说：“你们以考不上进士为耻，我以考不上进士而感到懊恼为耻。”

后来，王守仁考中进士，正式步入仕途。几年后，他

▲ 王守仁格竹

因为得罪大宦官刘瑾，被贬往贵州龙场（今贵阳市修文县境内）管理一个驿站。

龙场驿站地处万山丛中，属于少数民族杂居区，条件十分艰苦，王守仁在这段安静而困难的岁月里，结合三十多年的思考与遭遇，静心沉淀，日夜反省。

一天夜里，王守仁忽然顿悟，认为心才是了解万物的根本，不禁大笑道："原来成为圣人的关键不在对外探求，而在内心自省啊。"提出"心即理"的命题，由此在"程朱理学"之外，开创出全新的"阳明心学"思想体系。这

便是著名的“龙场悟道”。

几年后，刘瑾落马，王守仁随即被召入京，得到兵部尚书王琼的赏识，被委以重任，在江西南部平定叛贼。仅仅一年半时间，王守仁平定了为患多年的盗贼，当地百姓都惊呼他是神人。

1519年，在南昌的宁王朱宸濠发动叛乱，消息传到北京，群臣惊恐，只有王琼十分淡定地说：“王伯安在江西，肯定能生擒叛贼。”王守仁听说宁王造反，立即判断他肯定会沿长江东下，直取南京，以造成巨大的政治影响。

此时，王守仁手中没有部队，便在江西各地假传檄文勤王，又在南昌城中到处张贴告示，声称朝廷已经调集大军，准备进攻南昌。一番操作下来，宁王果然待在南昌不敢出动，王守仁利用这个时间差，迅速集结了兵力。

不久，宁王发现中计，亲率主力离开南昌，沿长江往东，直逼南京。王守仁立即率军围攻宁王的老巢南昌。宁王闻讯，急忙回师救援，在鄱阳湖陷入王守仁的伏击圈。双方激战三天，宁王父子被生擒。短短三十五天的宁王之乱就此谢幕。

王守仁做官之余，在各地学院授徒讲学，传播心学。所到之处，乱局自解，万象更新，众人佩服得五体投地，纷纷拜入门下，培养了一大批杰出的弟子。

弟子们无不以阐发“阳明学说”为己任，各自招收弟子，开宗立派，将他的学说进一步发扬光大，最终走出国门，对周边国家造成了重大影响。

1529年，王守仁患病，临终之际，弟子问他有何遗言。他说：“要用尽一生，去做一个光明磊落的人！”王守仁的一生，完全做到了“立德、立言、立功”三不朽，实现了成为圣人的壮志，不愧为“明朝第一人”。

经典原文与译文

【原文】年十七谒上饶娄谅，与论朱子格物大指。还家，日端坐，讲读《五经》，不苟言笑。……泛滥二氏学，数年无所得。谪龙场，穷荒无书，日绎旧闻。忽悟格物致知，当自求诸心，不当求诸事物，喟然曰：“道在是矣。”遂笃信不疑。其为教，专以致良知为主。——摘自《明史・卷一百九十五》

【译文】王守仁十七岁时拜谒上饶县的娄谅，和他讨论朱熹格物致知的主要意思。回家，整天端坐，讲读《五经》，

不苟言笑。……广泛研究程、朱二氏的学说，多年没有收获。被贬谪到龙场，穷困荒辟的地方没有书，只得每天寻究过去的知识。忽然悟出格物致知，应该自己从内心去探求，不应该从外在事物去探求，感叹说："道在这里了。"于是坚信不移。他的教育，专以培养良知为主。

知行合一： 知，内心的觉知；行，实际行动。意思是了解事物的道理与在现实中运用这个道理，两者密不可分。"知行合一"是王守仁思想中的核心主张。

致良知： 致，求得并扩充；良知，道德意识。将良知这种道德推广扩充到万事万物。致良知就是知行合一，也是王守仁思想中的核心主张。

杨继盛列传

杨继盛（1516—1555年），字仲芳，号椒山，保定府容城县（今河北省容城县）人。明朝中期著名谏臣。

大明第一铁骨谏臣

杨继盛出生于耕读之家，七岁时生母去世，继母便让他去放牛。杨继盛经过私塾，看到学童读书，羡慕不已，向哥哥请求上学。哥哥说："你年龄这么小，读什么书！"他反驳道："我年纪虽然小，但是能放牛，为什么不能读书？"哥哥将此事告知父亲，这才让他边读书边放牛。

杨继盛十三岁时，正式跟随老师学习。乡试中举后，进入国子监读书，深受校长徐阶赏识。三十二岁时，他考中进士，在南京（今南京市）任职。期间，跟随吏部尚书韩邦奇学习音律，因天资不俗，深受器重，韩邦奇将毕生

所学倾囊相授。自此，杨继盛名声初显。三年后，他被提拔到京城北京（今北京市）任职。

当时，蒙古首领俺答汗多次入侵边境，明世宗让大将军仇（qiú）鸾（luán）负责处理这件事。仇鸾畏惧蒙古人，提出了开市进行马匹交易，与俺答汗讲和的建议。杨继盛认为，这种示弱的行为有损国家威严，实在是奇耻大辱，写出“十不可，五谬”，反驳仇鸾的主张。

仇鸾得知后，咬牙切齿地说：“这小子没有亲眼目睹敌寇，哪里知道敌寇的厉害，真该给他降职！”明世宗对杨继盛的建议犹豫不决，仇鸾在一旁从中作梗，最终将他贬到狄道县（今甘肃省临洮县）当一个不入流的小官。

狄道县地域偏僻，番汉杂居，民风彪悍，文化落后。杨继盛到任后，团结各族人民，兴办学校，疏通河道，开发煤矿；让妻子张氏讲授纺织技术，带领百姓致富，深受拥戴，大家都亲切地称他为“杨父”。

杨继盛被贬后，蒙古依然不断侵扰，仇鸾的计策失败，明世宗这才意识到杨继盛的先见之明，于是再次启用他，一年之内升迁四次。

当时，内阁首辅严嵩依仗世宗的信任，结党营私、贪赃枉法、献媚皇帝、打击异己，早已犯下众怒。严嵩因为与仇鸾不和，对杨继盛攻击仇鸾的行为非常满意，也想重用他。令严嵩没想到的是，杨继盛憎恨严嵩超过仇鸾，上任一个月就弹劾严嵩。

杨继盛呈上《请诛贼臣疏》，说："臣本是罪臣，承蒙陛下抬爱，不断被提拔。知恩图报是做人的根本，我现在内心最急迫的事，就是请求诛杀贼臣。如今国家灾害不断，都是严嵩作恶多端的原因。"列举严嵩十大罪状，五大奸行，明世宗看后勃然大怒。

杨继盛在奏书中声称，可以召问明世宗的两个儿子朱载垕（hòu）和朱载圳，世宗更加愤慨，直接将他送入诏狱，诘问他为什么要牵扯两位皇子。杨继盛说："除了这两位王爷，还有谁不惧怕严嵩呢？"于是被判处廷杖一百次，再由刑部定罪。

刑部侍郎是严嵩的党羽，想栽赃杨继盛"假传亲王令旨"，欲将其判处死刑。有位叫史朝宾的郎中坚决反对，严嵩一怒之下将史朝宾贬出京城。刑部尚书何鳌（áo）不敢违逆严嵩，按照严嵩的安排定罪，但是世宗不想马上处死杨继盛。此后，杨继盛在诸多友人的保护下，在监狱中度过了三年。

杨继盛挺身而出弹劾严嵩的壮举，引发了广泛的同情与支持，他的师友更是四处奔走，严嵩感到害怕，准备放过杨继盛。严嵩的党羽提醒说："绝不能心软，难道没看到那些豢（huàn）养老虎的人吗？最终还不是养虎为患！"

杨继盛临终赋诗

严嵩表示认同。不久，有人犯了死罪，严嵩借机将杨继盛的名字混在死囚名单中，一并呈送明世宗，世宗不明就里，批准了这份名单。

杨继盛的妻子张氏听说后，上书说："臣妾的丈夫误听市井闲话，才会书生意气，妄加议论。陛下如此贤良圣明，几次宽宥（yòu）他的罪行。现在为什么要突然处决？如果他罪行当诛，臣妾愿意替他去死。他将来一定会在战场上杀敌，报效国家！"奏书被严嵩扣下，明世宗没有看到。

1555年，杨继盛被处以公开死刑，时年四十岁。临行前，他豪壮地留下一首诗："浩气还太虚，丹心照千古。生平未报恩，留作忠魂补。"寥寥数语，让人落泪叹息。不久，张氏自杀殉夫。人们听说此事，越发敬佩杨继盛夫妻，也更加痛恨严嵩。

杨继盛之死，标志着严嵩集团彻底与士大夫清流走到了对立面。七年后，杨继盛的老师徐阶发起反击，严嵩倒台，他的儿子被斩首。

经典原文与译文

【原文】初，继盛之将杖也，或遗之蚺（rán）蛇胆。

却之曰：“椒山自有胆，何蚺蛇为！”椒山，继盛别号也。及入狱，创甚。夜半而苏，碎磁碗，手割腐肉。肉尽，筋挂膜，复手截去。狱卒执灯颤欲坠，继盛意气自如。——摘自《明史·卷二百零九》

【译文】起初，杨继盛在接受仗刑之前，有人赠给他蟒蛇胆。杨继盛推辞说：“我杨椒山自己有胆，要蟒蛇胆干什么！”椒山，是杨继盛的别号。等到他入狱，受伤很重。半夜苏醒，摔碎瓷碗，用手拿碎瓷片割掉腐烂的肉。肉被割尽，筋挂着膜，又用手截去。狱卒拿着灯，浑身颤抖，灯差点掉在地上，杨继盛却神色自如。

根深蒂（dì）固：蒂，瓜果与枝茎的连结部位。根扎得很深，蒂长得很牢固。比喻根基牢固，不可动摇。

戚继光列传

戚继光（1528—1588 年），字元敬，号南塘，登州府（今山东省蓬莱市）人。明朝抗倭名将、民族英雄。

抗倭第一名将

戚继光出生于武将世家，先祖戚详追随明太祖打天下，战死沙场，后来追记战功，授予他的儿子登州卫指挥佥（qiān）事的四品武职，可以世袭罔替。

戚继光的父亲晚年得子，取名继光，希望他继承祖业，光耀后世。戚继光七岁进入私塾读书，九岁开始用瓦块垒成军阵，用竹竿彩纸做军旗，演练行军打仗，乡人都感到诧异。

父亲对戚继光的教育特别严格。有一次，父亲看到他穿着一双精美的锦鞋，说："小孩子穿锦鞋做什么？穿上

锦鞋就会想要穿锦衣、吃肉食。我一生廉洁清贫，满足不了你。将来你一定会为了满足私欲，克扣士兵的粮饷，还怎么继承我的事业！”于是毁了那双锦鞋。

父亲去世后，戚继光继承了登州卫指挥佥事的职位。当时，倭寇不断侵扰我国沿海地区，十九岁的戚继光写下“封侯非我意，但愿海波平”的诗句，表现出淡泊名利、精忠报国的高尚情操。

1549 年，戚继光考中武举，第二年进京参加会试，正赶上北方游牧民族鞑靼（dá dá）部进犯北京（今北京市），戚继光参加了首都保卫战，上疏进献防御方略，被兵部官员称为“国士”。后来，戚继光受命负责山东沿海地区的军事，防御倭寇，成效显著，被誉为“良将之才”。

鉴于戚继光在山东的突出表现，朝廷将他调到倭患最严重的浙江，受浙江总督胡宗宪指挥。戚继光发现官军纪律松弛，缺乏训练，作战一触即溃。

在戚继光的请求下，胡宗宪将三千名绍兴（今浙江省绍兴市）籍新兵交给他训练。戚继光发现，绍兴士兵虽然行动敏捷，军容严整，但生性奸滑，临阵怯懦，竟然割下负伤战友的首级冒功领赏。

正当戚继光为兵源苦恼之际，义乌（今浙江省义乌市）发生了一场大规模械斗，当地农民、矿工勇敢彪悍。戚继

光听说后，在义乌招募了一批新兵，根据浙江地形和倭寇作战特点创制了“鸳鸯阵”，每十二人分为一队，长短兵器配合使用，并根据情况变化成“两仪阵”“大三才阵”“小三才阵”等。他还将军中纪律、号令编印成册，发给士兵熟记，特别注重思想教育。

在戚继光的严格训练下，这批新兵很快成长为以一当百、纪律严明的劲旅。1561 年，倭寇大举进犯浙江，戚

▼ 戚继光抗倭

继光九战九捷，肃清了浙江境内的倭患，“戚家军”威震天下。

倭寇不敢再进犯浙江，转而侵扰福建。在福建巡抚的请求下，胡宗宪派戚继光率军驰援。戚继光决定先打下倭寇的老巢之一横屿岛（今福建省宁德市境内），以挫败他们的嚣张气焰。

横屿岛与大陆隔着十里浅滩，潮涨时变成浅海，战船容易搁浅；潮退后变成泥滩，陆兵难以涉渡。岛上有倭寇一千多人，附近居民为他们做向导，经常四出劫掠，为祸已久。

戚继光充分了解地形和潮汐情况后，决定采取“负草填泥”的策略。进攻前，戚继光说：“你们登岛后还会涨潮，一定要把敌人全部消灭，否则没有退路。我不忍心让你们白白送死。”部下们群情激愤，表示一定奋勇杀敌。

戚继光说：“我亲自为你们擂鼓！”戚家军每人背上一捆草，前进时依次将草铺在淤泥上，成功登上横屿岛。倭寇企图趁戚家军立足未稳，将他们赶回泥滩。但戚家军一直保持战斗队形，无懈可击。当天下午，戚家军占领敌巢，大获全胜。

戚继光在福建四战四捷，歼敌五千多人后返回浙江，但福建的倭寇再度猖狂。第二年，朝廷任命戚继光为福建总兵，继续打击倭寇，终于肃清残寇。

1566 年，明穆宗即位。考虑到东南沿海的倭患已经平息，北方的鞑靼部成为心腹大患，于是调戚继光镇守蓟州镇（今河北省环北京市一带）。

明穆宗去世后，儿子明神宗即位。在首辅张居正的支持下，戚继光为保卫京师安定做出了重要贡献。

1582 年，张居正去世，随即被指为权奸，遭到清算。戚继光受到牵连，被调到早已没有战事的广东担任总兵，这对于忠心报国、保卫边疆的他来说，是一个沉重的打击。两年后，戚继光因病辞职还乡，由于为官清正，没有积蓄，晚景凄凉。

1588 年，戚继光病逝，终年六十一岁。他撰写的《纪效新书》和《练兵实纪》流传至今，是他一生军事经验的总结。

经典原文与译文

【原文】继光至浙时，见卫所军不习战，而金华、义乌俗称剽悍，请召募三千人，教以击刺法，长短兵迭用，由是继光一军特精。……“戚家军”名闻天下。——摘自《明

史·卷二百十二》

【译文】戚继光到浙江时，见卫所军队不熟悉作战，而金华、义乌人号称剽悍，于是请求招募三千人，教给他们攻击刺杀的方法，长短兵器轮番使用，从此戚继光这支军队特别精锐。……“戚家军”驰名天下。

飙（biāo）发电举：飙，暴风；电，闪电。像刮暴风、打闪电一样。形容声势迅猛。

徐阶列传

徐阶（1503—1583 年），字子升，号少湖，松江府华亭县（今上海市松江区）人。明朝中期名臣，内阁首辅。

善于隐忍的“甘草阁老”

徐阶自幼不凡。一岁的时候，曾掉入枯井中，被救起三天后才醒来；五岁时，曾坠落山间，幸而衣服被树枝勾住，得以生还。人们都对此感到惊奇。

徐阶身量不高，但举止优雅，聪颖机敏，言行稳重。1523 年，徐阶参加科举考中探花，到翰林院做官。当时，内阁大学士张孚敬建议明世宗去掉孔子的王号，并降低祭祀标准。世宗将此事交由大臣们商议，众臣因为害怕张孚敬的权势，不敢发声，只有徐阶坚决反对。

张孚敬很生气，对徐阶说：“你这是要背叛我。”徐

阶坦然答道："背叛生于依附。我并不依附你，哪里来的背叛？"

徐阶因此被贬到延平府（今福建省南平市）做官。延平府地处偏远，徐阶上任后审查冤案，赦免无罪之人，抓捕贼寇，发展教育，深受百姓爱戴。

后来，徐阶被调回京城，担任吏部侍郎。吏部负责考核选拔官员，接见地方官时一般不多说话。徐阶一反常规，每次接见官员，仔细地询问他们的工作内容，了解吏治民情，各级官员都很喜欢他，历任尚书也看重他。徐阶知人善任，推荐了许多严谨且德行厚重的官员，自己的职务一路高升。

明世宗十分信任内阁首辅严嵩，严嵩大权在握，不断打击异己者。徐阶的老师夏言，与严嵩同为内阁大臣，多次被严嵩诬陷，最终被杀，因此徐阶不愿依附严嵩。严嵩便经常在明世宗面前说他的坏话，徐阶的处境一度十分危险，这才意识到自己无法与他抗衡。

为打倒严嵩，徐阶决定改变策略，表面上顺从严嵩，甚至与他家联姻。对于严嵩儿子的无礼傲慢行为，他也不反抗，只是忍气吞声。与此同时，徐阶逐渐拉近与明世宗的关系，使皇帝对自己的信任不断加深，地位慢慢提高，直到仅次于严嵩。

后来，世宗居住的宫殿着火，世宗想要建造新宫殿，询问严嵩的意见，严嵩表示反对，世宗很不高兴。徐阶顺着世宗的心意，说可以利用剩余的材料修建新宫，世宗因此更加倚重徐阶，渐渐冷落严嵩。

1562 年，徐阶觉得时机成熟，让自己的门生，时任言官的邹应龙弹劾严嵩父子，果然一击便中，世宗勒令严嵩辞职，由徐阶接替他担任内阁首辅。

▼ 徐阶获得明世宗信任

徐阶亲自登门看望严嵩，并答应在皇帝面前求情，严嵩很感动。徐阶回家后，儿子问他，受了严嵩那么多年欺压，为什么不报复。

徐阶假装生气，说："没有严家就没有我的今天，现在严家有难，我恩将仇报，会被人耻笑。"实则是看准明世宗并非真心罢黜严嵩，也使得严嵩放松了警惕。后来，世宗果然后悔，想要召回严嵩，徐阶极力劝阻，才没有实施。

徐阶继任首辅之后，大力革除严嵩的弊政，勤恳认真，即便一夜不睡，也要完成明世宗交待的任务。徐阶注重选拔人才，先后举荐了高拱、张居正等有识之士进入内阁，大力救援因指责皇帝被定死罪的清官海瑞。还劝说世宗不要动辄杀死边镇大臣，诏狱的犯人因此减少。

明世宗晚年十分信任徐阶，遗诏也由他起草。徐阶借写遗诏的机会，把反对过明世宗而被判罪的大臣全部平反，还活着的大臣召回朝继续任用，对死了的大臣抚恤他们的家属。

徐阶任职期间，废除了许多无用开支，减轻百姓负担，将王侯贵族霸占的田地分给百姓。朝中上下因此都很拥护他，称其为名相。

明世宗的儿子明穆宗继位，徐阶常常劝阻他，穆宗感到厌烦。徐阶对此很失望，请求辞官还乡，穆宗顺势批准。群臣听说此事，纷纷上疏请求挽留徐阶，穆宗执意不肯。

徐阶回乡后，徐家子弟在乡里为非作歹，霸占了很多田地，乡人们很有怨言。新上任的巡抚海瑞秉公执法，将徐阶的家人治罪。徐阶用钱财贿赂朝官，将海瑞免职。

1582 年，明神宗专门派人看望八十一岁的徐阶，赏给他钱财。随后，徐阶因病去世。

徐阶能力出众，为了达到目的隐忍数十年，体现了政治家的深谋远虑；为了实现抱负，不顾惜自己的名声，虽然操守有亏，但当时的舆论认为他坚持了大节，整体上值得肯定。

海瑞曾称徐阶为“甘草阁老”，大概是因为甘草味甜能入药，却不能用作主药，或许正是此意。

经典原文与译文

【原文】阶危甚，度未可与争，乃谨事嵩，而益精治斋词迎帝意。……嵩以阶与鸾（luán）尝同直，欲因鸾以倾阶。及闻鸾罪发自阶，乃愕然止，而忌阶益甚。——摘自《明史·卷二百十三》

【译文】徐阶的处境岌岌可危，考虑到不能与严嵩相争，于是谨慎地侍奉严嵩，而且更精心撰写斋词迎合皇帝的心意。……徐阶与仇（qiú）鸾曾经共事，严嵩打算通过仇鸾来扳倒徐阶。等到听说仇鸾的罪行是徐阶告发，才惊讶地作罢，但对徐阶更加忌惮。

养精蓄锐：精，精神；锐，锐气。保养精神，蓄集力量。

斡（wò）旋：调解；扭转僵局。

张居正列传

张居正（1525—1582 年），字叔大，号太岳，幼名张白圭，湖广行省江陵县（今湖北省荆州市）人，故又称张江陵。明朝政治家、改革家、内阁首辅。

千古一相

张居正出生前，他的曾祖父做了一个梦：一轮圆月落在水瓮里，照得四周一片光明，水中慢慢浮起一只白龟。曾祖父认定小曾孙就是这只白龟，给他取乳名叫“白圭”，希望他将来能够光宗耀祖。

张居正从小聪颖过人，是荆州府远近闻名的神童，走到哪里都有人夸赞，难免有些飘然。十三岁时，张居正抱着志在必得的自信，来到省城参加乡试，却没有考中举人。

原来，湖广巡抚顾璘（lín）认为张居正将来必定能位居将相，但如果少年高中，容易助长虚荣心，说不定会毁掉这个人才，不如刻意打击一下，以此磨砺性情，便故意让他落榜。

张居正落榜后，回家继续苦读，十六岁中举，顾璘解下自己饰有犀角的腰带送给张居正，勉励说："希望你树立远大的理想，为国为民，成为有用之才。"张居正二十三岁中进士，被选入翰林院成为庶吉士。

▼顾璘勉励少年张居正

明朝自太祖起，废除丞相，设置内阁协助皇帝处理政事，内阁的首席大学士称作首辅，成为事实上的丞相，而内阁的大学士，都从庶吉士中选拔。

张居正进入翰林院学习，正值内阁重臣徐阶担任教习。在徐阶的引导下，张居正努力钻研朝章国故、经邦济世的学问，为日后担任首辅打下了坚实的基础。

期间，张居正曾向明朝奇葩的皇帝之一——明世宗进呈《论时政疏》，系统阐述自己的为政主张，但没有得到任何反馈。从此，张居正将理想与苦闷深埋心底，不再上疏谈论国事。

后来，张居正因病回乡休养，真正了解到底层百姓的困苦和整个明朝最真实的国情。兼济天下的责任感，以及平生的理想，促使他决心重返政坛。

休养三年之后，张居正再次入朝，并在老师徐阶的安排下，逐步进入朝廷的核心决策圈。

1572年，年仅十岁的明神宗即位。不久，张居正担任内阁首辅。此时，明朝建立超过了两百年，官员拖沓、民生凋敝，财政亏空、倭寇猖獗，内部斗争尖锐，土地兼并严重，已经是一艘航行在飓风暴雨中、处处漏水、即将倾覆的大船。

张居正上任伊始，立即着手各项改革。他首先实施“考

成法”，加强政绩考核，淘汰不合格官员，提高办事效率。

镇守云南的黔国公沐朝弼（bì）仰仗祖上和自己的功劳，经常违法乱纪，本应抓捕治罪，但大臣们都觉得难办。张居正派人前往云南，让他的儿子承袭公爵，同时抓捕沐朝弼，将他软禁在南京。如此雷霆手段，玩忽职守的官员再也不敢拖沓迁延。

为了提高财政收入，张居正规定，但凡地方长官上缴赋税不足九成的，一律处罚。有一次，户部奏报，山东省、河南省分别有若干名官员没有完成任务，应该受到革职、降级的处分，张居正立即批准执行。各级官员再也不敢懈怠，积极督促赋税征收事宜。

接着，张居正在福建省试点重新测量土地，清查隐瞒的田地，获得成功，迅速推广到全国，使得政府的田赋收入大大提高。

完成以上工作后，张居正正式推出“一条鞭法”。之前，政府向百姓征收赋税，主要包括田赋、徭役以及其他杂税，形式与名目繁杂，地方官员和小吏趁机鱼肉百姓，弊端很大。

张居正规定，以田亩数为基础，将所有要征收的赋税，折算合并成白银征收。这种做法极大简化了税制，防范了弊端，有利于增加财政收入。

张居正通过以上政治、经济、财政等方面的改革，取得显著成效，使得明朝的国力大大提升，史称“张居正改革”。“张居正改革”是我国历史上为数不多的改革成功案例之一，对后世产生了重大影响。

1582年，张居正因操劳过度，生病去世，历时十年的改革落下帷幕。

张居正死后，明神宗为了收回权力，彰显皇威，对他实施了清算，但丝毫不影响张居正跻身最伟大的改革家之一，无愧于“千古一相”的称号。

经典原文与译文

【原文】居正用李成梁镇辽，戚继光镇蓟门。成梁力战却敌，功多至封伯，而继光守备甚设。居正皆右之，边境晏然。两广督抚殷正茂、凌云翼等亦数破贼有功。浙江兵民再作乱，用张佳胤（yìn）往抚即定，故世称居正知人。——摘自《明史·卷二百十三》

【译文】张居正任用李成梁镇守辽东，戚继光镇守蓟门。李成梁全力作战、击退敌人，立下很多战功以至被封为伯，而戚继光守备很周全。张居正很信任他们，因而边境安定。两广督抚殷正茂、凌云翼等也多次击败反贼立功。浙江兵民再次作乱时，张居正任用张佳胤前往招抚，立即安定下来，因此世人称赞张居正有识人的眼光。

词语积累

夕惕朝乾：夕惕，到了夜晚仍怀忧惧，工作不懈。是指人整天勤奋戒惧、时时省察、不敢怠惰。

荷橐（tuó）持筹：荷橐，带着装文具的小袋；持筹，拿着记数的算筹，多指理财和经商。指参预筹画设计，出谋献策。

海瑞列传

海瑞（1514—1587 年），字汝贤，号刚峰，琼州府琼山县（今海南省海口市）人。明朝著名清官，有“海青天”之誉。

刚正忠介的青天

海瑞四岁时父亲去世，与母亲相依为命。母亲性格要强，管教严格，不准海瑞像同龄人一样嬉戏玩耍。海瑞也很懂事，从小勤奋好学，攻读诗书经传。

他还立下志向，将来如果做官，必定做一个不谋私利、不媚权贵的好官，因此自号“刚峰”，意思是刚强正直，不畏邪恶。

海瑞三十六岁参加乡试，顺利考中举人。后来连续两次参加会试，都没有考中进士，从此放弃参加科举考试。

按照明朝的规定，考中举人便有做官的资格，于是海瑞便去了福建省的一个县担任教谕（相当于正式教师），这是海瑞第一次做官，时年四十一岁。

有一次，朝廷的御史到学校视察，海瑞和另外两名教谕在门口迎接，那两人连忙下跪，海瑞站在中间，却只是作揖行礼，不卑不亢地对御史说："如果我前往御史衙门，应该行部属礼；这里是学校，是教育学生的地方，做老师的不应该行跪拜礼。"远远望去，三个人就像一个笔架子，

▼海瑞不肯向御史跪拜，只作揖行礼

于是海瑞得了个“海笔架”的外号。

1558年，海瑞被任命为浙江省淳安县知县，当上了一方父母官，他依旧省吃俭用，只穿布袍、吃粗粮，让老仆人种菜自给。

有一次，海瑞的母亲过生日，他去市场买了两斤肉，结果引起轰动，百姓们纷纷传言，海大人买肉吃了！不久，消息传到两百公里以外的省城杭州，浙江省的最高行政长官胡宗宪对下属说：“听说海县令为老母祝寿，竟然买了两斤肉。”

又有一次，有位朝廷高官到浙江省巡查盐政，一路上贪污勒索。当他们抵达淳安县后，海瑞提供的饭菜无比简陋，还大声宣称：“我们县面积太小，可容不下这么多车马。”这名高官早就听说过海瑞的名声，虽然十分生气，也只好收敛威风，闷声离开。

后来，海瑞调任北京，在户部担任小官。虽然做了京官，但他刚正不阿、敢于进谏的风格一点都没变。

明世宗晚年一心沉迷道术，追求长生。一时间，官员们都投其所好，朝廷上下一片乌烟瘴气，无人理政，也没有一个人直言进谏。海瑞为自己买好棺材，又将家人安顿好，然后呈上《治安疏》。

海瑞在奏疏中批评世宗迷信道教、生活奢华、不理朝

政的过失，甚至讽刺他的年号说“嘉靖嘉靖，家家皆净”，最后提出了改革弊端的措施，希望皇帝采纳。

明世宗读完大怒，将奏疏扔到地上，大喊道：“快把海瑞抓起来，别让他跑了！”贴身太监说：“听说海瑞早就买好了棺材，等着陛下杀他呢！”世宗听后沉默无言，又反复阅读奏疏，连连叹息说：“这个人是比干，但朕不是商纣王。”将海瑞关进大牢。

不久，明世宗驾崩，牢头听说此事，认为海瑞马上会被释放重用，便置办酒菜招待他。海瑞以为是断头饭，尽情吃喝，酒足饭饱后，等着被拉出去杀头。这时，牢头告知他世宗去世的消息，海瑞闻言，十分悲伤，痛哭不止，将吃的东西全部吐出来。

海瑞因为买棺直谏、身陷牢狱而声振天下，得以连年升官。1569 年，海瑞担任应天府（今南京市）巡抚，管理十一个州府。

听说海瑞要来上任，贪官污吏纷纷辞职，地方富甲将家中的红色大门漆成黑色，就连为皇帝督办织造的太监，也减少车马随从，不敢张扬。

海瑞到任之后，兴修水利，打击豪强，抑制土地兼并，推行“一条鞭法”，安抚穷困百姓，许多被兼并的土地归还原主，深受百姓爱戴，称他为“海青天”。

然而，海瑞的这些措施，极大地损害了权贵利益，其刚猛的执政风格、直率的性格，让同事和下属们又怕又恨，于是联合起来攻击他。仅仅半年之后，海瑞被迫辞职回家。

后来，张居正担任内阁首辅，也十分忌惮海瑞的刚直，始终不予任用。

直到明神宗亲政，才重新启用海瑞，当时他已经七十岁。后来，神宗屡屡有重用海瑞的意思，但不断遭到内阁大臣的阻扰，言官们纷纷弹劾海瑞，海瑞也上疏请求退休，但神宗下诏慰劳，不同意他的请求。

1587 年，海瑞病故于南京，一代清官的人生自此落下帷幕。

海瑞的同僚见到他住处的帷帐都用粗布制成，家具就是一些破竹器，不禁十分悲伤。南京城的百姓听闻他的死讯，纷纷罢市纪念。海瑞的灵柩运回家乡，祭奠哭拜的人绵延百里。

经典原文与译文

【原文】三年夏，以右佥（qiān）都御史巡抚应天十府。

属吏惮其威，墨者多自免去。有势家朱丹其门，闻瑞至，黝之。……素疾大户兼并，力摧豪强，抚穷弱贫民田入于富室者，率夺还之。——摘自《明史·卷二百二十六》

【译文】 隆庆三年夏天，海瑞以右佥都御使的身份担任应天府等十府的巡抚。属下官吏害怕他的威势，有贪污劣迹的官吏大多自动离职。权势之家把大门漆成红色，听说海瑞来了，又把门涂成黑色。……海瑞一向痛恨豪门大户兼并农民土地，极力打击豪强，安抚穷困弱小。被富家侵吞的贫民田地，一概夺回，归还原主。

布袍脱粟，艺蔬自给： 脱粟，只去皮壳、不加精制的糙米；艺蔬，种菜。穿布衣，吃粗米，让家中老仆种菜自给。比喻清廉节俭。

汤显祖列传

汤显祖（1550—1616年），字义仍，号海若，抚州府临川县（今抚州市临川区）人。明朝著名戏曲家、文学家。

临川四梦五百年

汤显祖出生于书香世家，祖父辈都是满腹经纶的学者，母亲也熟读诗书。

汤显祖自幼勤奋好学，在家人的熏陶下，小小年纪便卓尔不群，十二岁能写诗，十三岁学习古文，十四岁补入县学诸生，二十一岁考中举人。可以说是青年才俊，声名远播，如果按照正常轨迹，加上他的才学，在仕途上飞黄腾达确属轻而易举。

就在汤显祖积极准备考取进士时，当朝首辅张居正也盯上了他。原来，张居正想安排自己的儿子取中进士，为

了掩人耳目，想找几个有真才实学的人陪衬，便找到已经颇有文名的汤显祖等人，不惜威逼利诱，希望他们能与自己合作，同时承诺保证高中头几名。

其他人都没能抵住宰相的权威和名利的诱惑，果然高中进士头几名。只有汤显祖先后两次义正言辞地拒绝了张居正抛来的橄榄枝，说："我可不敢效仿女子失去贞洁的行为。"张居正因此对汤显祖记恨在心，始终没让他考中进士。

直到张居正去世，汤显祖才在三十四岁时考中进士，入仕为官。第二年，汤显祖到南京（今南京市）任职。南京是明朝的陪都，有一整套行政机关，供养着大批闲官，成为文人荟萃之地。

汤显祖在这里潜心研究学问，切磋诗文，过得很恬淡，不像其他赋闲官员那样热衷官场。有一次，有人问他："你这个老博士，为什么这么喜欢读书？"他说："我读书不是因为我是博士或者不是博士！"

汤显祖在南京任职七年，眼见官场腐败，便给明神宗进呈了一篇奏章，神宗看后勃然大怒，立刻将汤显祖贬到雷州半岛当一个小官。

一年后，汤显祖遇赦，调任浙江省当一个县长。虽然政绩斐然，依然招来很多批评，他不愿再置身于官场争斗，便主动请辞，不等批复下来，就提前返回家乡。

汤显祖生活的明朝，政府指定程朱理学为官方哲学，又通过八股文选拔进士做官，极大地钳制了思想。文坛则掀起复古主义思潮，主流文人专注于模仿汉朝的文、盛唐的诗，不仅丧失了创新精神，而且他们对其他文学形式不屑一顾。

当时的文坛领袖王世贞，是汤显祖的顶头上司。汤显祖为了揭露复古派的真面目，将王世贞写的诗文拿来解剖，将其中模仿、剽窃、抄袭汉文唐诗的地方逐一分析评论，有理有据。王世贞得知后，也无可奈何，只能哑然失笑。

汤显祖回乡闲居，正值明末资本主义萌芽时期，各种反理学、反传统、反专制的思潮方兴未艾，思想界也出现了一批离经叛道的另类思想家。这些客观存在的大环境，对一向不屈服权势、不肯随波逐流的汤显祖产生了重大影响。

于是，汤显祖决定将全部心血投入到最被当时主流文人鄙视的戏曲创作，决心凭借自己的才情，赋予戏曲这一独特的艺术形式以全新的生命。

汤显祖在乡间接触到一些青年人的爱情故事，极大地激发了他的创作热情，执笔写下《还魂记》《紫钗记》《邯

▲ 汤显祖写作《牡丹亭》

郸记》《南柯记》四部戏剧，因为这四部戏剧都有梦境，汤显祖是临川人，故合称“临川四梦”。

“临川四梦”的艺术造诣之高，刻画内心之细，探索人生之深，均达到了很高的成就。

“临川四梦”中最负盛名的作品是《还魂记》，又名《牡丹亭》，《牡丹亭》具备的高度思想性和艺术性，使它成为我国戏曲史上杰出的作品之一。

此外，汤显祖写了很多文章，针对戏剧批评、表演理论、导演理论等问题，提出了不少独特的见解，为我国戏剧史保留了珍贵的资料。

1616年，明朝最伟大的戏曲家汤显祖在家乡去世，但他的戏剧始终流传，即便已经过去了四百多年，仍然能深深地打动人心。

经典原文与译文

【原文】少善属文，有时名。张居正欲其子及第，罗海内名士以张之。闻显祖及沈懋（mào）学名，命诸子延致。显祖谢弗往，懋学遂与居正子嗣修偕及第。——摘自《明史・卷二百三十》

【译文】汤显祖年少时善于作文章，在当时很有名声。张居正想让自己的儿子考中进士，于是网罗海内名士来与他的儿子共同学习、准备考试。听说汤显祖及沈懋学的名声很大，便让儿子们去邀请。汤显祖谢绝，没有前往，沈懋学便与张居正的儿子张嗣修同时考中进士。

词语积累

意气慷慨： 意气，志向与气概；慷慨，情绪激昂。指志向远大、气概不凡。

无耻之徒： 不知耻辱的人。

权门鹰犬： 鹰犬，追逐猎物的鹰和狗，比喻供驱使奔走的人。出卖自己，投靠有权势的人。比喻丧失人格，甘心充当恶势力的工具。

李如松列传

李如松（1549—1598年），字子茂，号仰城，辽东都司铁岭卫（今辽宁省铁岭市）人。明朝中后期名将。

名震朝日的抗倭猛将

李如松的父亲李成梁是辽东（今辽宁省大部）总兵，镇守辽东三十年，立下赫赫战功。李如松的老师是“明朝三大才子”之一的徐渭，徐渭悉心教授他兵法。

李如松自幼天资聪颖，骁勇善战，在名将父亲与名师的栽培下，逐渐深谙军事。

李如松子承父业，当了武官，开始凭借战功步步高升。1583年，李如松升任山西总兵官，当时的言官多次向明神宗进言，认为李如松与他的父亲同时执掌重镇，不符合惯例，就连首辅大臣申时行也规劝神宗，神宗便召他入京。李如

松担任京官期间犯下不法行为，遭人弹劾，但神宗不予采纳。

几年后，李如松担任宣府镇总兵官司令。宣府镇巡抚检阅军事操练时，李如松没有遵守武将尊文臣的规矩，直接让巡抚和自己坐在一起。属官劝解李如松，以致发生争执，差点动起手来。

有人因此弹劾李如松，神宗只夺去他的俸禄以示惩戒，并不贬官降职。其后，李如松又数次被弹劾，神宗始终不减对他的宠眷。

1592 年，宁夏镇武官与蒙古部落勾结发动叛乱，连续攻占了很多地方，整个陕西地区人心震荡。朝廷急忙派出军队平叛，但进展缓慢。

李如松临危受命，六月份率兵抵达宁夏镇，七月份包围了宁夏城。李如松仔细观察地形与城防后，决定采取决开黄河、水淹宁夏城的战术。水灾使宁夏城弹尽粮绝，岌岌可危。九月，宁夏城城防崩塌，李如松乘胜追击，彻底平定了叛乱。

不久，日本开始侵略朝鲜，朝鲜三都十八道很快沦陷。朝鲜国王向明廷求救，明神宗决定出兵。第一支抗倭部队入朝，很快惨败而归。神宗任命李如松为东征提督，誓师东渡。

1593 年正月，李如松领军兵临平壤（今朝鲜平壤市）

城下，双方陷入激战。李如松亲临前线督战，坐骑被火枪击中，但他临危不乱，立刻换马再战，继续指挥。明军斗志昂扬，日军被打得落花流水，弃城而逃。

随后，明军骑兵突入城中，残余的日军退入城内的十几座土堡死守。由于道路狭窄，明军的火炮运不上来，难以组织有效进攻。如果日军拼死一战，势必给明军造成巨大伤亡。

▼ 李如松攻占平壤

李如松毅然选择停止攻击，采取围三缺一的战术，三面包围日军，只留出南面的大道，并给日军指挥官写信，告诉他只要日军撤出平壤，明军不予阻拦。

天黑后，日军派出侦查兵，发现往南的道路果然没有明军，马上冲出城外，争先恐后地渡过冰封的大同江。就在此刻，早已埋伏好的明军开炮炸开十里宽的冰层，大批日军掉进江中丧命，少数上岸的日军也被明军骑兵袭击。此战之后，日军纷纷弃城而逃，全线撤退四百余里。

李如松率领明军继续南进，准备收复汉城（今韩国首尔市）。明军一小支侦察骑兵在汉城北面的小驿馆碧蹄馆与日军的诱敌部队遭遇，双方爆发激战，明军大胜。

日军认为明军即将总攻，便派出主力部队先后赶到战场，想全歼这支明军，这就是碧蹄馆大战。李如松带领援兵迅速投入战斗，日军误判为明军主力，仓惶撤离，明军也造成了不小的伤亡。

碧蹄馆之战后，明军因兵力有限，暂时停止进攻。日军则遭受重创，军心已寒，虽然坐拥优势兵力，却不敢进攻。一时间双方陷入僵局。

两个月后，李如松得知龙山大仓储存着日军的全部粮食，便派出敢死队，深夜奇袭龙山大仓，一把火将粮食烧个精光，以最小的损失换来了最大的利益。

日军失去军粮，顿时乱作一团，彼时朝鲜开始流行瘟疫，日军不得已签署停战协议，全军撤退。明军于1593年四月份收复汉城。李如松仅用四个月时间，横扫朝鲜半岛，收复千里失地，恢复朝鲜三都。

东征结束后，李如松回国述职，神宗提升他为从一品官太子太保。几年后，又不顾众臣反对，任命李如松为辽东总兵。李如松见皇帝如此看重自己，更加振奋报效。

1598年，鞑靼（dá dá）侵犯辽东，李如松立即带领轻骑深入敌方老巢，遭遇数万鞑靼骑兵，李如松率领骑兵浴血奋战，寡不敌众，当场阵亡，终年五十岁。明神宗听到消息，悲痛万分，下令在京城附近为他修建衣冠冢，追赠官职爵位，赐予谥号，建立祠庙纪念。

经典原文与译文

【原文】如松斩先退者以徇。……倭方轻南面朝鲜军，承训等乃卸装露明甲。倭大惊，急分兵捍拒，如松已督副将杨元等军自小西门先登。……火器并发，烟焰蔽空。惟忠中炮伤胸，犹奋呼督战。如松马毙于炮，易马驰，堕堑，跃而上，麾兵益进。将士无不一当百，遂克之。——摘自《明

史·卷二百三十八》

【译文】李如松杀了先退的士兵以示众。……倭寇正轻视南面的朝鲜军，于是祖承训等脱下外面的服装露出明军的盔甲。倭寇大惊，急忙分兵抵抗，李如松已经命令副将杨元等的部队从小西门抢先登城。……火器一起发射，烟火遮住了天空。吴惟忠中炮胸部受伤，仍然奋勇呐喊督战。李如松的战马中炮而死，换了马疾驰中落于壕沟中，但李如松一跃而上，指挥士兵加强进攻。将士们无不以一当百，于是攻下平壤城。

麾兵益进：麾，指挥；益，更加。指挥军队加强进攻。

骁果敢战：骁果，勇猛刚毅。形容人骁勇果决、作战勇敢。

孙承宗列传

孙承宗（1563—1638 年），字稚绳，号恺阳，保定府高阳县（今保定市高阳县）人。明末爱国将领。

满门忠烈的抗清名将

孙承宗长相奇特，胡须像戟（jǐ）一样张开，说话声音浑厚。他年轻时曾在朝廷官员房守士家中当家庭教师，房守士升任大同（今山西省大同市）巡抚，孙承宗跟随他到大同教书。

大同镇是明朝九边重镇之一，孙承宗对军事有着浓烈兴趣，喜欢与低级武官和老兵聊天，讨论边关防务问题，慢慢对边境军务有了了解。

孙承宗四十二岁考中进士第二名，进入翰林院，后来担任太子的属官。

1615 年，一位叫张差的百姓突然闯入太子宫，打伤守

门太监，被抓后声称是受郑贵妃指使。众所周知，郑贵妃处心积虑想让自己的儿子取代太子，朝臣听说了此事，纷纷要求彻查。

明神宗不愿深究，派一位大臣处理此事。这位大臣询问孙承宗该怎么办，孙承宗说："此事关系到太子，绝不能放任不理；但涉及后宫的贵妃，又不能彻查。只能对已经招供的小人物追查到底，再往上，应该适可而止。"这位大臣照他的话做，平息了此事。

明熹（xī）宗即位后，孙承宗担任他的老师。1621年，后金进攻明朝，连连攻城略地，辽东（今辽宁省大部）地区的重镇接连沦陷，不久又继续往南，进逼广宁卫（今辽宁省北镇市）。

明熹宗任命孙承宗为兵部尚书，入朝办事，又让他掌管兵部事务。孙承宗上疏说："国家应该重视武将的权力，不要让文官欺凌他们。"并献上一系列对策，明熹宗欣然采纳。

随着战局不断恶化，朝臣争论不休，明熹宗无法决策，于是孙承宗自请为指挥官，前往辽东裁决。孙承宗抵达京城门户山海关，马上巡行边境，详细了解情况，召集众将商议对策。最终力排众议，采纳新任将领袁崇焕的建议，将防线往北推移，全力经营宁远卫（今辽宁省兴城市）。

接着，孙承宗自请担任督师，有权便宜从事，大刀阔斧地开展工作。孙承宗首先对人事调整，制定策略、完善装备、征集物资、招募士兵等工作均安排专人负责，按照全面恢复辽东的战略目标各司其职。

他发现前线士兵缺少纪律，冒领军饷，于是下令整顿。有人认为沿渤海一线不重要，请求裁撤负责海防的登莱巡抚，但孙承宗认为要想收复辽东，必须守好沿海，继续重用登莱巡抚袁可立。

孙承宗坐镇辽东四年，成功遏制了局势的恶化，后金不敢越雷池一步，不仅实现了一方平安，而且赢得了时间养精蓄锐，修复城池堡垒，招兵买马，制造武器。

此时，以魏忠贤为首的阉党已经完全掌控了朝政，企图进一步控制军队，主动向孙承宗示好，想要攀附。孙承宗对此一言不发，魏忠贤因此记恨在心。

孙承宗看不惯魏忠贤迫害朝中大臣，认为上书不一定会被皇帝看到，便计划以祝寿为借口入朝，弹劾魏忠贤。魏忠贤提前知道了此事，马上跑到明熹宗面前乞怜，再佐以旁人煽风点火，明熹宗连夜派人阻止孙承宗回朝。孙承宗接到圣旨，只好无功而返。

魏忠贤意识到孙承宗的危险性，随即安排人手上书诋毁孙承宗冒领军饷，孙承宗被迫请求罢官。在吏部尚

书的支持下，明熹宗下令孙承宗继续督师辽东，但要缩减开支，精兵简将。

孙承宗一面积极收复失地，迫使后金皇帝努尔哈赤舍弃新都城，往北迁移；一面裁减军队，节省开支。不久，孙承宗的部属袁可立、马世龙先后作战失利，孙承宗也遭到弹劾，辞官回乡。

庄烈帝即位的第二年，后金大举进攻，直逼京城，孙

▼孙承宗自杀殉国

承宗这才官复原职。庄烈帝问孙承宗退敌策略，孙承宗侃侃而谈，成竹在胸。庄烈帝又问怎样保卫京城，孙承宗说：“在最危急的时刻，也不能让守城人忍饥挨饿。要整顿好军备，犒劳将士，鼓舞人心。”

庄烈帝在心底认可孙承宗的谋略和才能，让他负责京城内外军务。孙承宗运筹帷幄，击退清军。没过多久，孙承宗再次被弹劾而辞官回乡，从此在家乡闲居七年。

1638 年，清军进攻高阳县，赋闲在家的孙承宗带领全城军民誓死抵抗。高阳城陷落，孙承宗被抓获，他望向城门，深深叩头后自缢而死，终年七十六岁。

孙承宗的五个儿子、五个孙子、一个侄子、六个侄孙全部战死，全家一百多人遇难。

经典原文与译文

【原文】当是时，忠贤益盗柄。以承宗功高，欲亲附之，令应坤等申意。承宗不与交一言，忠贤由是大憾。……而其党李蕃、崔呈秀、徐大化连疏诋之，至比之王敦、李怀光。承宗乃杜门求罢。——摘自《明史·卷二百五十》

【译文】就在这个时候，魏忠贤更加擅权。因为孙承宗功劳高，魏忠贤想要亲近他，叫刘应坤等人去表明意图。孙承宗不跟他说一句话，魏忠贤因此极恨孙承宗。……而魏忠贤的党徒李蕃、崔呈秀、徐大化接连上疏诋毁孙承宗，竟把他比作东晋权臣王敦、唐朝叛臣李怀光。孙承宗于是闭门谢客，请求辞职。

险要厄塞：厄塞，阻塞。指地形险峻。

须髯（rán）戟张：须髯，络腮胡子；戟，一种冷兵器。络腮胡子张开如戟一样。形容人的相貌粗犷。

徐光启列传

徐光启（1562—1633 年），字子先，号玄扈（hù），松江府上海县（今上海市）人。明朝农学家、天文学家、数学家。

中西文化交流第一人

徐光启从小矫健勇猛，天资聪颖，比较调皮。他曾在大雪天轻步爬上城墙，迅速奔跑，边跑边跳。在上海县的龙华寺读书时，爬到寺中的塔顶，盘膝而坐，与栖息塔顶的白鹤争抢位置，还时不时俯身嬉笑。

徐光启写文章，喜欢在情理两方面层层转折，深入思考，总要想到五六层意思，才开始动笔。以至于读他文章的人，要反复阅读，再三思虑，否则仓促之间，根本无法体会文中的深意。

当时的人都认为，他总是能站在很高的角度思考问题。徐光启三十六岁时，以第一名的成绩考中举人，七年之后考中进士。

16 世纪，天主教再度传入中国，不少传教士携带西方先进的知识和科学技术，来中国传教，其中最知名的便是利玛窦。

徐光启对西方的天文、历法、火器等技术很有兴趣，早年曾跟随利玛窦学习，完全掌握了这些知识。同时，徐

▼徐光启与利玛窦交流

光启精研我国传统的军事、屯田、盐政、水利等知识，成为当时少有的兼通中西的大学者。

不久，明廷兵败辽东（今辽宁省大部），徐光启心急如焚，主动上书请求练兵，明神宗让他在通州（今北京市通州区）练兵。

徐光启上奏了十条建议，当时辽东战事十分紧张，朝廷仅拨给他少量兵卒与武器，算是敷衍了一下，练兵之事不了了之。

明熹（xī）宗即位后，壮志未酬的徐光启托病归乡。后来战事越发急迫，熹宗重新起用徐光启。回朝后，他多次上疏铸造西洋大炮，得到批准。当时朝政被魏忠贤为首的阉党把持，许多不肯依附的大臣被弹劾，徐光启也是其中一员。

庄烈帝即位后，徐光启又被召回朝廷。当时，因为预测日食不准确，庄烈帝想要处罚主管官员。徐光启指出："本朝的历法，一直沿用元朝郭守敬制定的《授时历》，已经使用了三百多年，有误差是正常的，朝廷应该考虑重修新历。"

庄烈帝采纳了他的建议，专门聘请西方人推算历法，由徐光启主持此事，历时五年，编成《崇祯历书》。

《崇祯历书》是我国最早吸纳西方先进天文学知识，

对我国传统历法进行改革的大型学术著作，全面系统地介绍了西方天文学知识，比如托勒密和第谷的宇宙体系、哥白尼的日心体系等；在算法上，大量吸收西方数学成果，使得精确度得到了很大提高。我国天文学从此走上了一条吸收融汇西方天文学的新路。

徐光启能够在天文历法领域取得成就，跟他精通数学分不开。徐光启在数学领域的最大贡献，就是与利玛窦共同翻译了古希腊数学家欧几里得的《几何原本》（前6卷）。

徐光启提出了“度数之学”的思想，首次把“几何”作为数学的专有名词来使用。此书译成后，很长时间内成为学习数学的启蒙读本，极大地影响了我国的数学研究方向，是我国数学史上的一件大事。

此外，徐光启还精通农学。早在1607年，徐光启的父亲去世，他回乡服丧期间，就在家乡进行农业实验，积累经验和材料。

明神宗末年，徐光启又在天津继续垦殖，再次进行实验。明熹宗时，他一度辞职在家，继续实验。与此同时，开始搜集整理资料，动笔撰写农书，在庄烈帝即位后初具规模，完成了毕生夙愿。1639年，即徐光启死后六年，此书刻版付印，这就是《农政全书》。

《农政全书》分为十二目，六十卷，五十多万字。基本囊括了明代的农业生产与人民生活的各个方面，既包括农政措施，也包含农业技术，完整体现了徐光启的“农政”思想。他听到红薯产量高，能替代成为主食，便反复试种，取得成功，并将播种方法推广到各地。明朝时，棉花种植已经广泛普及，但关于种植技术，各类农书记载都很简略，徐光启便在书中详细介绍了棉花栽培经验，内容十分全面。

1633年，徐光启去世，终年七十二岁。他在农业、几何、天文等诸多领域的杰出成就，拓宽了国人的眼界，极大地促进了后世中西方的交流。

经典原文与译文

【原文】时帝以日食失验，欲罪台官。光启言：“台官测候本郭守敬法。元时尝当食不食，守敬且尔，无怪台官之失占。臣闻历久必差，宜及时修正。”帝从其言，诏西洋人龙华民、邓玉函、罗雅谷等推算历法，光启为监督。——摘自《明史·卷二百五十一》

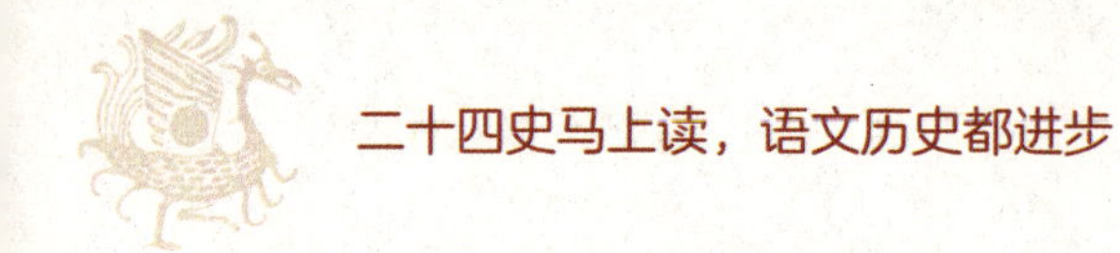

【译文】当时，庄烈帝因为日食预报发生错误，想要处分钦天监官员。徐光启说："钦天监官员预测天象是遵照郭守敬的方法。元代曾经出现应当发生日食而没有发生的情况，郭守敬尚且如此，不能责怪钦天监官员计算出差错。臣听说历法使用久了，必定会出现差错，应该及时修正。"庄烈帝听从他的话，下诏西洋人龙华民、邓玉函、罗雅谷等人推算历法，由徐光启监督。

更仆未罄（qìng）：更仆，换了几班使者；罄，完。谈话仍没有结束。

了然于中：了然，了解、明白。心里很明白。

袁崇焕列传

袁崇焕（1584—1630 年），字元素，号自如，广州府东莞县（今广东省东莞市）人。明末著名抗清将领。

明朝最后一位抗清名将

袁崇焕三十六岁考中进士，在福建的一个县当县令。但他自命不凡，喜欢与人谈论兵法，经常与退役老兵讨论边塞军事，尽可能了解边塞情况，自认为有能力镇守边关。

从明神宗晚年起，地处明朝北方的女真族开始崛起，建立了后金政权（后来改称大清），往东不断进攻明朝的属国朝鲜，往西联络明朝的死敌蒙古，往南逐步蚕食辽东地区（今辽宁省大部），得以控制战略要地山海关以北的大部分地区。而山海关的南边，就是明朝首都北京（今北

京市）。

1622 年，袁崇焕到兵部任职。不久，后金军队攻陷广宁卫（今辽宁省北镇市），直接威胁山海关，明廷上下一片惊恐，商议派人镇守山海关。

袁崇焕听说此事，单独前往关外查看地形，回来之后主动上表朝廷说："给我充足的钱粮，我一个人就可以守住山海关。"这番表态，让畏金如虎的众臣松了一口气，纷纷夸赞袁崇焕，皇帝也很欣慰，不仅给他升官，还拨给二十万帑（tǎng）金，让他招募军队。

袁崇焕走马上任，驻守山海关。袁崇焕十分尽职尽责，每次接到命令，立刻尽全力完成。

有一次，上峰派他出关安顿辽东的失业百姓，命令下达之际，正是夜色暗涌之时，袁崇焕不顾被虎豹袭击的危险，毅然穿过荆棘丛，凌晨时分赶到城中，让将士们钦佩不已。

袁崇焕认为，山海关太靠近京城，一旦有失，后果不堪设想，应该将防线往北推进，主张经营宁远卫（今辽宁省兴城市）。众人都反对这个建议，唯有大学士孙承宗支持他。

于是，袁崇焕带领将士和难民在宁远卫筑城，宁远卫因此成为关外重镇，百姓安居乐业、商业兴旺发达。此外，袁崇焕继续往北拓展，一边收复失地，一边筑城固守，宁远卫更加巩固。

两年后，孙承宗被罢免，后金听说了消息，立即出兵进攻宁远卫。接替孙承宗的官员断定关外守不住，直接下令撤退。

袁崇焕坚决反对，说："已经收复的疆土，怎么能轻易放弃呢？牵一发而动全身，放弃这些地方，宁远卫迟早也会失守！派遣良将守卫，是可以守住的。"眼看宁远卫即将沦陷，袁崇焕写下血书，与众将士立下盟誓："城在人在，城亡人亡！"

袁崇焕一面坚守壁垒，清除郊野的粮食房舍；一面派人盘查奸细、守护粮草，保证后勤；还传令给后方守将，若有逃兵一律斩杀。

金军前来劝降，袁崇焕指挥将士用西洋大炮猛轰，金军溃不成军，依然坚持攻城两天，结果损失惨重，落荒而逃。这便是"宁远大捷"。两年后，袁崇焕再次大败金军，又取得"宁锦大捷"。

当时，朝中大权由大宦官魏忠贤把持。袁崇焕虽然连连获胜，但因为他曾得到朝中另一股势力东林党的举荐，被魏忠贤视为异类，得不到提拔，只好郁闷地辞官归乡。

不久，庄烈帝即位，亲自召见袁崇焕。当时，金军连年击败明军，明廷上下畏敌如虎。袁崇焕慷慨激昂，当面承诺庄烈帝五年内收复辽东，庄烈帝大喜过望。

事后，有人提醒袁崇焕，如果五年内完不成目标，该何以自处。袁崇焕自觉失言，但又无可挽回，只好趁机向庄烈帝提出了人事、财政方面的很多要求，庄烈帝毫不犹豫地全部满足，袁崇焕由此成为整个辽东战场的最高指挥官。

当时，在鸭绿江入海口处有一个岛屿叫皮岛（今属朝鲜），由明军将领毛文龙领兵驻扎，以牵制后金军队。毛文龙占据此地，消耗很多粮饷，又趁机从事走私牟取暴利，开始拥兵自重。

袁崇焕多次提出核实他的军饷，设置文官监察他的军队，毛文龙一概拒绝。袁崇焕以上宾之礼宴请毛文龙，他却毫不谦让。

于是，袁崇焕亲自前往皮岛，历数毛文龙十二条罪状，请出尚方宝剑，就地斩杀了他。事后，袁崇焕才向庄烈帝报告此事，庄烈帝没有追究此事，但内心觉得不妥。

1629年年底，数十万金军在统帅皇太极的带领下，连连攻破明军防线，直逼京城。袁崇焕急忙率部护卫，千里迢迢赶赴救援，指挥各军迎战金军，最后用火炮攻击金营，

▲ 袁崇焕斩杀毛文龙

才逼退金军。

金军刚刚撤退，朝中大臣却认为是袁崇焕与金军暗中勾结，故意放他们入关。皇太极趁机使出离间计，说早就与袁崇焕有秘密约定。

袁崇焕由此入狱，不久被凌迟处死，他的家人被流放三千里。一代名将最终竟沦落至家破人亡的结局。

经典原文与译文

【原文】崇焕尝核虚伍，立斩一校。承宗怒曰："监军可专杀耶？"崇焕顿首谢，其果于用法类此。——摘自《明史·卷二百五十九》

【译文】袁崇焕曾经核查到虚报士兵名额的情况，立刻斩杀一个校官。孙承宗生气地说："监军可以擅自杀人吗？"袁崇焕叩头认罪，他敢于执法就像这样。

词语积累

磊落飒爽：磊落，山高大的样子；飒爽，矫健挺拔的样子。形容人豪迈开朗。

我行我素：意思是指不受外界影响，按自己向来的行事方式去做。

曹文诏列传

曹文诏（？—1635 年），大同镇（今山西省大同市）人。明朝末期名将。

明末第一猛将

曹文诏早年在辽东（今辽宁省大部）加入明军，先后在熊廷弼（bì）、孙承宗等名臣手下为将，多次立功，积功担任游击将军。

庄烈帝即位的第三年，后金国主皇太极包围京城（今北京市），曹文诏跟随名将袁崇焕保卫北京，立下战功，官职一再晋升。

从庄烈帝即位起，北方连续发生大面积天灾、瘟疫，引发大规模农民起义，朝廷应接不暇。起义军首领王嘉胤（yìn）统领几万人马，长期占据河曲县（今山西省河曲县），曹文诏打败了他，王嘉胤被部下杀害，余部投降。曹文诏

招安七百人接着追击另一位农民军首领点灯子，斩杀了他。又有贼寇李老柴和独行狼占据陕西中部，联合另外的农民军，共同抵御明军的围剿。曹文诏率军征讨，大获全胜，农民军被迫退守至庆阳（今甘肃省庆阳市）。

1632年，曹文诏与农民军在西濠（今甘肃省境内）大战，生擒他们的首领，斩首千级。一时间，各路农民军席卷而来，曹文诏联合其他明军将领，合力出击，又使用反间计，一举歼灭数支农民军。

总兵洪承畴斩杀了农民军首领满天飞，残余部将四散而逃。曹文诏乘胜追击，将关中地区的农民军剿灭。当时，有官员统计数据后呈报给朝廷，在历次战斗中，共斩首三万六千六百多级，曹文诏居功第一。他在陕西参与了几十次大小战斗，立功最多，但是洪承畴没有给他记功。御史吴甡（shēn）很看重曹文诏，上书朝廷，请求封赏，然而兵部坚持压低他的战绩，最终没有论功行赏。

农民军见朝廷军队在陕西实力很强，便流入山西，首领紫金梁、混世王、姬关锁、八大王、曹操、闯塌天、兴加哈利分别统率七大部队，在汾州（今山西省汾阳市）、太原（今山西省太原市）、平阳（今山西省平阳县）一带肆意活动。御史张宸（chén）极向朝廷建议道："这些贼寇从陕西来，陕西将领曹文诏向来威名远播，当地还有一首赞颂他的歌谣：‘军中有一曹，西贼闻之心胆摇。’更何况，他在山西也立过功。既然陕西的贼寇已被清剿，就应该派他到山西，共同围剿贼寇。”朝廷便让曹文诏统领山西和陕西的各位将领。

1633年，曹文诏进入山西，一路势如破竹。庄烈帝知道曹文诏立功最多，命令曹军经过的地区多攒粮草犒劳，同时诏令他加快镇压的步伐。自此，曹文诏屡战屡胜，立下赫赫战功，威震山西。

曹文诏在洪洞（今山西省洪洞县）时，与当地赋闲在家的御史刘令誉不和。有一次，四川将领马凤仪的军队打了败仗，靠曹文诏支援才击退了农民军。得胜而归的曹文诏，刚刚解甲休息，与刘令誉闲谈两句，因为话不投机，斥责了他，拂袖而去。刘令誉借机将马凤仪败仗的罪责推卸到曹文诏身上，兵部误以为曹文诏打了几次胜仗，尾巴就翘到了天上，将他调到大同镇。

第二年，清军入侵，途径大同，攻占了很多地方，朝廷一怒之下将曹文诏等人充军到边地。山西巡抚吴甡上书朝廷，请求将曹文诏安排到山西，朝廷这才让他将功赎罪。此时，农民军流入河南，庄烈帝听从兵部意见，派曹文诏前往河南剿匪。吴甡再次据理力争，希望将他留在山西平定农民军，而后再进入河南，被庄烈帝拒绝。曹文诏感激

吴姓的恩情，还是选择途经太原，最终被留在山西。

不久，凤阳府（今安徽省北部）失守，曹文诏整顿军队南下，与洪承畴在信阳州（今河南省信阳市）汇合，贼寇闻风四散而逃。洪承畴判定农民军藏在商州（今陕西省商洛市）和洛南县（今陕西省洛南县）两地，传令曹文诏迂回走山路，直捣老巢。临行前，洪承畴叮嘱说："此次行军，道路曲折，路途艰辛，将领们辛苦了，我等待你们胜利归来的喜讯！"

曹文诏日夜兼程，农民军听说他到了，纷纷败退。这时，王嘉胤曾经的下属，闯王高迎祥、八大王张献忠聚齐了二十万人前来，而明军只有六千人。实力如此悬殊，明军连连告急，没有得到回应。曹文诏见得力干将相继战死，愤然要求出战，洪承畴高兴地说："除了曹将军，没有人能消灭这群农民军！"

于是，曹文诏率领三千人出战，敌军不知道他在军中，一位小兵被俘，心急地喊道："将军救我！"农民军中混杂的叛兵立刻认出了曹文诏，于是将他团团围困。曹文诏最终体力不支，拔刀自杀身亡。

忠勇无敌的曹文诏就此战死，消息传开，洪承畴捶胸痛苦，庄烈帝也痛心不已。明朝自此失去了最后一名无畏勇猛的悍将。

曹文诏自杀殉国

经典原文与译文

【原文】会贼高加计已歼，而凤阳告陷，遂整兵南，以八年三月会总督洪承畴于信阳。承畴大喜，即令击贼随州，文诏追斩贼三百八十有奇。——摘自《明史·卷二百六十八》

【译文】恰逢山西的贼首高加计已被歼灭，而凤阳府失陷了，曹文诏于是整顿军队南下，于崇祯八年三月与总督洪承畴在信阳州会师。洪承畴非常高兴，立即让他到随州（今湖北省随州市）进攻贼寇，曹文诏追击斩杀贼兵三百八十多人。

词语积累

寡不敌众：众，多；寡，少；敌，抵挡。少数敌不过多数。形容力量悬殊。

史可法列传

史可法（1602—1645 年），字宪之，号道邻，开封府（今开封市）人。明末著名的忠臣。

精忠报国、宁死不屈

传闻史可法的母亲梦见宋朝末年的大忠臣文天祥来到屋里，不久受孕怀胎，生下了史可法。

史可法小时候因为孝顺而闻名乡里，后来师从“东林六君子”之一的左光斗。庄烈帝即位的第二年，史可法时年二十七岁，考中进士，开始步入仕途。

时值明朝末年，经过明神宗几十年的殆政，明熹宗重用宦官魏忠贤，等到庄烈帝即位，北方地区连年干旱，接着又爆发瘟疫，而朝廷依然横征暴敛，终于把农民逼入绝境，纷纷发起暴动。史可法历任各地地方官，多次跟随朝廷委派的大帅，到处率军追击、围剿起义军。

明末的农民起义，大多采取流动作战的方式，不停地转战各地。虽然史可法率领军队穷追不舍，但最终因无法平定叛乱而获罪，朝廷责令他戴罪立功。

期间，史可法的岳父逝世，他辞官服丧。服丧期满后，史可法先后担任凤阳府（今安徽省北部）、淮安府（今江苏省北部）、扬州府（今江苏省中部）的巡抚，大力整改漕务，弹劾罢免了三个督粮官，使漕运事务大有起色。后来调任南京（今南京市）兵部尚书。

1644 年，李自成领导的农民军攻陷京城北京（今北京市），庄烈帝绝望之余上吊自杀。

起初，史可法听说农民军要进攻北京，马上率军进京护卫皇帝，不久，传来北京沦陷、皇帝殉国的消息。他面朝北方失声痛哭，用头撞向柱子，血一直从头流到脚上。

就在史可法忙着为庄烈帝发丧时，收到几位大臣的文书。原来，庄烈帝去世的消息传到南京之后，留守南京的大臣开始商议另立新君。这几位大臣给史可法送信，就是表明自己拥立潞（lù）王朱常淓（fāng），反对福王朱由崧（sōng）的态度，史可法对他们的主张表示认可。

但是，凤阳府总督马士英联络一批武将，坚决主张拥立朱由崧，并且已经接到了朱由崧，史可法无奈，只好同意拥立福王，南明政权就此建立。

北京失陷后，新建立的南明政权同时面临清军与李自成农民军的双重压力，但大臣丝毫意识不到面临的危机，忙于争权夺利，根本无法全心抵抗敌人。

史可法因为此前反对拥立朱由崧，此时主动请求到长江北岸巡视军队，抵御外侮。史可法决定先与清军联盟，共同剿灭李自成，再做打算。

不久，李自成被击溃，迅速向西撤退。史可法亲自安排将领率军北上，积极准备收复失地。这时，明军发生内乱，军心大乱，清军趁机南下，沿途明军纷纷投降。

史可法意识到无法与清军抗衡，不顾幕僚的多次劝谏，坚定地认为退保扬州（今扬州市）才是上策，便冒着大雨，日夜兼程赶到扬州，积极准备抵抗清军。

随着清军的节节胜利，许多将领不战而降，明军士气大减。史可法发出檄文，要求各路军队增援，但没有一个人响应。

不仅如此，驻守扬州的许多将士，都纷纷出城投降，扬州城内的兵力越来越薄弱。这时，清军已经将扬州包围，摄政王多尔衮（gǔn）亲自劝降，史可法公开作书答复，拒绝投降。

由于城墙高峻，清军的攻城大炮还没有运来，清军主将多铎（duó）派出多名投降的明朝大臣劝降史可法，被严

史可法抗清
清

词拒绝。有将领想趁机挟持史可法，带着扬州城投降，史可法毅然说道："这是我殉国的地方，你们想要做什么？如果你们想要富贵，请自便。"这几个人见无机可乘，便一道出城投降。

史可法认为无心殉国的人，强留下守城，也会导致生变，对于想投降的人，他一概听之任之，没有丝毫阻止。

过几天后，清军用红衣大炮攻城，到晚上时，城墙轰然倒塌，扬州城随即失守，史可法拔剑自杀，被众人拦住。

众将拥簇他下城楼，清军上前，史可法大喊："我是史督师！"于是被俘虏。史可法坚决拒绝投降，随后英勇就义，终年四十四岁。

史可法死后，遗体难以辨认，直到一年后，他的义子用朝服、手板招魂，将他的衣冠安葬在扬州城外的梅花岭。

经典原文与译文

【原文】五月朔，王谒孝陵、奉先殿，出居内守备府。群臣入朝，王色赧（nǎn）欲避。可法曰："王毋避，宜正受。"既朝，议战守。可法曰："王宜素服郊次，发师北征，示天下以必报仇之义。"王唯唯。——摘自《明史·卷

二百七十四》

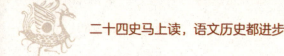

【译文】崇祯十七年五月初一，福王拜谒明太祖的孝陵、奉先殿，迁居内守备府。群臣入朝，福王感到羞愧，想要回避。史可法说："大王不要回避，应该正式接受。"朝拜之后，群臣商议攻和守的策略。史可法说："大王应该身穿素服、出居郊外，派军队北征，向天下人展示必定报仇的大义。"福王恭敬地答应。

词语积累

宁死不屈：宁，宁可。宁可死去，也不屈服。

忠贞不二：意志或操守坚定不移。或指下级对上级特别忠心。

文苑列传

《明史·文苑列传》共四卷，记载了近八十位文人，本书选取唐寅（yín）、文征明、徐渭为代表。

风流才子唐寅的波折人生

唐寅（1470—1524年），字伯虎，小字子畏，号六如居士，苏州府吴县（今苏州市）人。明朝著名画家、书法家、诗人。

唐寅出身小商人家庭，从小聪颖伶俐，十五岁结识文征明，得到他父亲文林的赏识；十六岁考中苏州府试第一名，成为秀才。在文林的引荐下，唐寅逐渐进入苏州文人圈。

明成祖迁都北京（今北京市）后，南京（今南京市）的一整套政府机关并没有撤裁，用于安置赋闲和被贬官员，南京因此成为文人荟萃之地，是全国的文化中心。唐寅当时闻名南京。

唐寅虽然才华横溢，却放荡不羁，经常和朋友纵酒寻欢，眠花宿柳。1494 年，唐寅的父亲逝世，母亲、妻子、妹妹相继在一两年内离世，一个圆满的家庭须臾间支离破碎，唐寅的生活也陷入窘境。

在朋友的规劝下，唐寅准备参加科举考试，由于他生性风流，主考官不喜欢，唐寅因此名落孙山，险些无法参加乡试。好在文林等人出面求情，终究居于榜末。

在接下来的乡试中，唐寅得以施展才华，不负众望，一举成为南京解（jiè）元，名震天下。春风得意之际，唐寅与好友徐经一起，赴京参加会试，沿途游山玩水、声色犬马。

京城本应是唐寅大展身手的舞台，但事与愿违，徐经贿赂主考官的家童得到会试试题，东窗事发后唐寅受到牵连，卷进科场作弊案，最终被贬黜为吏。唐寅认为这是一个耻辱，坚决不去赴任。

唐寅回到家乡，修建桃花坞，以卖文画为生，更加纵情于酒色之中。后来，在南昌（今南昌市）的宁王朱宸濠听说他的名声，重金聘用，唐寅欣然前往，成为座上之宾。不久，唐寅察觉到宁王意图谋反，于是故意装疯卖傻，宁王不堪忍受，唐寅得以安然返乡，在桃花坞中度过晚年。

唐寅画、书、文三绝，成就非凡。他的画将宋朝的院

▲ 唐寅游山玩水

体技巧与元朝的笔墨韵味融为一体，打破门户之见，自成一家，与沈周、文征明、仇（qiú）英并称为“明四家”。

书法方面，先后学习赵孟頫（fǔ）、颜真卿、米芾（fú），风格灵活多变。他的诗文以才情取胜，与祝允明、文征明、徐祯卿并称“吴中四才子”。

愚钝孩童文征明的逆袭

文征明（1470—1559年），字征仲，号衡山居士，

苏州府长洲县（今苏州市）人。明朝著名画家、书法家。

文征明出生于官宦之家，和唐寅同岁。但与聪明的唐寅不同，幼年的文征明生性迟钝，直到八岁还不会说话，以至于有人怀疑他是白痴。但父亲文林始终相信他会大器晚成，时常安慰他。

1498年，唐寅初次参加乡试就夺得南京解元，而文征明第二次落榜。两人虽是朋友，命运却天差地别，文征明心中难免黯然神伤。父亲知道后，特地写信安慰道："唐寅才华横溢，但他为人轻浮，最终恐怕难有作为。"

为了培养文征明，文林到哪里任职，都带上儿子随行，并让他随时访友拜师学习。文征明先后跟随都穆学诗，跟随沈周学画，跟随李应祯学书法，跟随吴宽学古文，先后与唐寅、祝允明、顾璘、徐霖等结交为朋友。

这些人都是一时之选，加之文征明刻苦勤奋，因此各方面技艺取得长足进步。

文征明性格宽厚仁慈。因擅长鉴赏，经常有人请他帮忙鉴赏书画。他常常不顾名誉，将赝品鉴定为真迹，有人询问缘故，他回答："有钱买书画的，一般是有钱人家。而卖字画的，一般生活困顿。倘若我为一时名声而使人举家受饿，于心何忍？"

后来，父亲重病，文征明得知后立马请了医生，赶往父亲的任职地温州（今温州市）。可惜终究晚了一步，到达时，父亲已经去世。温州的官民有感于文林的廉洁，自发筹集了一笔丧仪之资，文征明遵从父训，谢绝了众人的好意。

文征明虽然多次参加乡试不中，但文名早已传播出去。意欲谋反的宁王朱宸濠仰慕文征明的贤德，想要聘请他为幕僚。文征明坚决不接受聘金，装病推辞，继续参加科举。

文征明一生参加了九次乡试，都没有考中，最终由官员推荐，经过吏部考核，得以任官。后因朝政昏庸，多次请求辞职，终于致仕归乡，开启了游山作画的人生。

这时，文征明的名声越来越大，向他求画的人很多。文征明秉持士大夫的风骨，有所谓“三不肯应”：不给藩王作画，不给太监作画，不给外夷作画。

文征明绘画、书法造诣很深。他的绘画兼善诸科，尤精山水，奠定了“吴派”的基本特色。他的小楷兼采众长，笔划婉转，节奏缓和，有“明朝第一”之称。

“吴中四才子”中，文征明最为长寿。去世前，他正为别人写墓志铭，还没有写完，拿着笔离开了人世，享年九十岁。

命运多舛的文武奇才徐渭

徐渭（1521—1593 年），字文长，号青藤老人，绍兴府山阴县（今浙江省绍兴市）人。明朝著名书画家、文学家、军事家。

徐渭出生于一个逐渐没落的大家族，由妾所生。出生仅一百天，父亲离世，由嫡母抚养他。徐渭十岁时，生母被嫡母赶出家门，骨肉分离。

徐渭十四岁时，嫡母逝世，他跟随兄长生活，但二人相差三十多岁，几乎没有手足之情。少年徐渭，生活中唯有寄人篱下与仰人鼻息。

但是徐渭聪颖异常，六岁读书，九岁作文，十多岁便能仿前人之作，享誉当地，被称为“神童”。尽管才华横溢，但徐渭的科举之路并不顺利，八次参加乡试都不曾中举，加上从小饱受世态炎凉，徐渭养成了孤芳自赏、郁郁寡欢的性格。

徐渭喜欢阅读兵法。嘉靖中期，倭寇进犯浙江，绍兴府陷于战火，徐渭参加了多场战争并出谋划策，显示出军事才能，引起了浙江巡抚胡宗宪的注意。

在胡宗宪的多次邀请下，徐渭成为幕僚。徐渭为胡宗宪写奏表，获得嘉靖帝的赏识。他又设下计谋，成功抓获

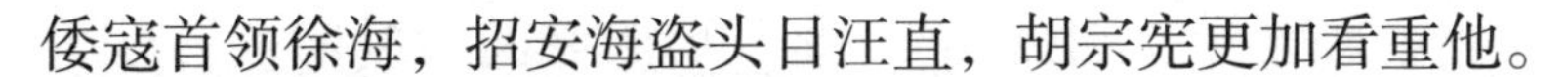

倭寇首领徐海，招安海盗头目汪直，胡宗宪更加看重他。

但好景不长，几年后，胡宗宪被构陷，最终死于狱中。徐渭担心受到牵连，加上常年科举不中，又对胡宗宪之死感到痛心，彻底失去了对生活的希望，以至于发狂。

徐渭为自己写好墓志铭，拔下壁柱上的铁钉击入耳窍，血流不止，医治数月才得以痊愈。随后狂病反复发作，九次自杀不遂。

某一次狂病发作，徐渭怀疑妻子不贞，将她杀死，因此被关入监狱。在朋友的帮助下，徐渭服刑七年后得以出狱。这时，他已经五十三岁。

出狱几年之后，徐渭应好友的邀请前往北方游历，结识辽东大将李成梁，培养他的儿子李如松，教授其兵法。后来李如松在朝鲜战场上大败倭寇，成为一代名将。

徐渭天妒英才、命运坎坷，加上性格桀骜，以及极其丰富的人生经历，使得他的文艺创作涉及领域广泛，风格独特，绝不依附旁人，具有强烈的个性。

他的诗歌开创了公安派的“性灵说”，散文文风远启金圣叹一流；他的书法打破了明朝占据主导地位的“台阁体”，开启并引领了晚明的“尚态”书风；绘画方面，徐渭的泼墨写意画大胆变革，极具创造力，后世著名画家郑板桥和齐白石都自称“青藤门下走狗”。

徐渭凭借诗、书、字、画、兵法方面的成就，被后人评为“明朝三大才子”之一，且是最多才的一位。

徐渭晚年乡居，不善经营产业，钱财随手散尽，因而穷困潦倒，靠卖字画和藏书为生，而且更加厌恶与权贵者来往。

据说有人来访，徐渭不想见，便推着柴门大叫：“徐渭不在！”他去世时，身边只有一条狗相伴。

经典原文与译文

【原文】杨一清召入辅政，征明见独后。一清亟（jí）谓曰：“子不知乃翁与我友邪？”征明正色曰：“先君弃不肖三十余年，苟以一字及者，弗敢忘，实不知相公与先君友也。”一清有惭色，寻与璁（cōng）谋，欲徙征明官。——摘自《明史·卷二百八十七》

【译文】杨一清奉召入朝辅政，唯独将文征明留在最后见面。杨一清急忙对他说：“你不知道你的父亲与我是朋友吗？”文征明严肃地说：“先父离开我三十多年，如果他曾有一个字提到相公，我不敢忘记，实在不知道相公与先父是朋友。”杨一清面露惭愧之色，不久与张璁谋划，想要调动文征明的官职。

词语积累

事与愿违：事情的发展与愿望相反。

东窗事发：比喻不可告人的秘密已彻底败露。

天妒英才：上天因为嫉妒一个人的才华，而让他命运坎坷。

仰人鼻息：仰，依赖。依仗别人的呼吸才能活着。比喻依赖别人，看人脸色行事。

方伎列传

《明史·方伎列传》共一卷，记载了二十余位人物，本书选取张三丰、李时珍为代表。

传说中的神仙道士张三丰

张三丰（约 1247 年—？），名全一，字君实，号三丰，辽东都司懿州（今辽宁省阜新县）人。我国道教武当派、三丰派的开山祖师。

张三丰身形高大，不修边幅，自称“张邋遢”。不论严寒酷暑，张三丰都只穿一件道袍和一件蓑衣。有时几天才吃一顿饭，有时甚至几个月不吃，但一顿饭就能吃一斗米。张三丰有过目不忘的能力，经常神龙见首不见尾，浪迹天涯，于是有人说他能日行千里。

张三丰曾到武当山游玩，看到巍峨的山岩和幽深的山谷，对别人说：“以后这座山一定香火旺盛。”当时，武当山的宫殿已经在战火中成为断壁颓垣。张三丰和弟子们披荆斩棘，在山中建造茅屋，定居下来，不久又离开了。

明太祖听说了张三丰的名声，派遣使者寻访他，但没有找到。后来，张三丰居住在宝鸡县（今陕西省宝鸡市）的金台观中，有一天自称将要去世，不久果然逝世。当地百姓置办棺材安葬他，棺材中传来响声，打开一看，张三丰居然又活了过来。

此后，张三丰踪迹不定。明成祖也曾派遣官员寻找，走遍了荒原边疆，耗费多年，都没有找到。于是，成祖下令大建武当山宫观，建成后赐名“太和太岳山”。恰恰应证了张三丰当年的预言。

有关张三丰的传奇故事，流传甚多，许多已经无法考证，至于他最后的生死结局，至今仍然无从知晓。

万里求真的“药圣”李时珍

李时珍（1518—1593年），字东璧，号濒湖山人，黄州府蕲州（今湖北省蕲春县）人。明朝著名医药学家。

李时珍出生于医学世家，父亲便是当时的名医。因为民间医生的地位低，父亲希望李时珍能够摒弃医药，通过科举改变命运。

但在家庭的耳濡目染下，李时珍从小便热爱医药。十四岁时，李时珍考中秀才，后来三次参加科举考试都落榜，便决定跟随父亲学医。

李时珍三十四岁时，因为医治好富顺王的儿子，开始名声显赫，被闻名而来的楚王聘用，五年后又被推荐到太医院工作。

在太医院工作的期间，李时珍饱览皇家珍藏的众多典籍，在药房仔细观察众多药材，收集到许多重要的一手资料，为编写《本草纲目》打下了深厚的基础。

辞官回乡后，李时珍以自己的字为堂号，创立东璧堂，开始坐堂行医，同时更加致力于研究药物。

多年行医的过程中，李时珍发现古典医籍的错误繁多，决定重新编写一部本草书籍。李时珍收集了八百多种书籍，于 1552 年着手编写《本草纲目》。

因为很多本草书籍的作者没有进行实地考察，而是抄写别人的内容，导致出现了不少纰漏。比如远志这种药，南朝著名医药学家陶弘景说它是小草，长得像麻黄，但是颜色青，开白花；而宋朝著名医生马志说它像大青，并指责陶弘景不认识远志。

在父亲的启示下，李时珍认识到“读万卷书，行万里路”的重要性。于是，他游走各地的名山大川，实地

▲ 李时珍采药

考察各种药材，深入了解药材的特性、外形、生长环境等。在一次次躬身实践的旅途中，他弄清了许多前人莫衷一是的问题。

经过二十七年坚持不懈的努力，李时珍完成了《本草纲目》的初稿，当时他已经六十一岁。此后十余年，李时珍对初稿进行了三次修改，最终定稿，前后花费四十年时间。李时珍去世后的第三年，《本草纲目》在金陵（今南京市）正式刊行。

《本草纲目》全书共五十二卷，收集了一千八百九十二

种药物，附图一千一百余幅，将药物分为十六部、六十类，分别论述每种药物的出产、形态、炮制、药性等，并附录了相关方剂。

《本草纲目》集我国十六世纪以前中药学之大成，采用了当时最先进的药物分类法，保存了当时大量的文献资料，达尔文称其为“古代中国百科全书”。

刊行之后，迅速流传到国外，产生了世界性的影响，被外国学者誉为“东方药学巨典”。

经典原文与译文

【原文】太祖故闻其名，洪武二十四年遣使觅之不得。后居宝鸡之金台观。一日自言当死，留颂而逝，县人共棺殓之。及葬，闻棺内有声，启视则复活。乃游四川，见蜀献王。复入武当，历襄、汉，踪迹益奇幻。——摘自《明史·卷二百九十九》

【译文】明太祖以前就听说过张三丰的名声，洪武二十四年派遣使者寻找他，没有找到。后来，张三丰居住在宝鸡县的金台观。有一天他自称将要死去，写好颂文就

去世了，县里百姓一起置办棺材收殓他。等到下葬时，听到棺材里有声音，打开看发现张三丰复活了。张三丰于是游览四川，拜见蜀献王。又进入武当，历游襄、汉一带，踪迹更加奇幻。

词语积累

神龙见首不见尾： 比喻人的行踪诡秘，刚一露面又不见了。

披荆斩棘（jí）： 披，拨开；荆、棘，野生多刺的灌木。拨开荆丛，砍掉荆棘。比喻清除前进道路上的障碍，克服重重困难。

莫衷一是： 衷，中正不偏；是，正确。无法决定哪个是对的。形容各有各的意见，不能得出一致结论。

宦官列传

明太祖为了加强中央集权，下令废除丞相，严厉限制宦官干政。若干年之后，依靠科举入仕的文官集团越来越强大，又没有丞相进行制衡，而后来继位的皇帝又不如太祖勤政，于是开始有意识地培养宦官参政，以制衡文官。发展到后期，宦官集团与文官集团争权夺利，达到了水火不容的地步，从而创下了我国历史上宦官专政的最高峰。《明史·宦官列传》共两卷，记载了四十余位宦官的史实，本书选取郑和、刘瑾、魏忠贤为代表。

三保太监郑和七下西洋

郑和（约1371—1433年），本姓马，世称三保太监，云南府昆阳州（今云南省昆明市）人。明朝著名航海家、外交家。

郑和早年的经历不详，据考证，应该是明太祖征讨云南时，少年郑和被明军俘虏，之后送到皇宫供奉杂役，于是成为太监。

几年后，郑和被调入北平（今北京市）的燕王府，跟随当时还是燕王的明成祖，逐渐获得信任。明成祖发动“靖难之役”，郑和立下战功。“靖难之役”结束后，明成祖特意赏赐他姓郑。

明成祖攻克南京（今南京市）时，建文帝不见踪迹，成祖怀疑他逃到了海外，同时也为了彰显大明的国威，下令郑和率领船队出使西洋。

1405年六月，郑和带着六十二艘长约140米、宽约60米的大船，装载两万七千八百余人，从苏州府（今苏州市）启航。船队入海，先驶往福建，然后穿过南海前往占城国（今越南中南部）。

此后，继续向爪（zhǎo）哇国（今爪哇岛）航行，恰好遇到此国内战，郑和的船队登陆与当地人贸易，被误认为敌人，一百七十名士兵被杀。愤慨之余，郑和保持理智，没有在这里陷入战争泥潭，而是接受了道歉，事情得到和平解决。

汪洋大海上，海盗十分猖獗，其中以三佛齐国［今巽（xùn）他群岛］的陈祖义最为凶悍。当地华侨向郑和报告此事，郑和派遣使者前去招安，陈祖义假装投降，准备暗中偷袭。郑和识破了他的计谋，发兵剿灭盗贼五千多人，烧毁十艘海盗船，生擒陈祖义等三名头目。

随后，郑和船队继续航行，先后经过苏门答腊、满剌加（今马来西亚马六甲市）、锡兰（今斯里兰卡）等地，最后到达古里国（今印度喀拉拉邦）。

在古里，郑和代表明朝皇帝，赏赐国王诰命及银印，

▼ 郑和下西洋

修建碑亭，树碑刻石纪念。随后，郑和率船队返程，于1407年十月回国。第一次出使西洋，历时两年零四个月。

此后，郑和又六次下西洋，并在最后一次的返回途中因劳累过度而去世。郑和的航行持续了二十九年，拜访了三十多个国家，最远抵达东非、红海。

郑和下西洋是我国古代规模最大、船只和人数最多，时间最久的海上航行，也是15世纪前世界历史上规模最大的海上探险。

郑和践行了明朝的和平外交，稳定了东南亚国际秩序；震慑海上倭寇，维护了国家安全；发展海外贸易，传播了中华文化；开拓海洋事业，铺平了亚非航路。

为祸天下的刘瑾

刘瑾（1451—1510年），本姓谈，陕西府兴平县（今咸阳市兴平市）人。明朝著名的权宦。

刘瑾小时候被一位刘姓太监收养，入宫当了宦官，便改姓刘，后来在东宫侍奉当时还是太子的明武宗。明武宗即位后，在东宫侍奉的八位太监随之入宫，被合称为“八虎”，而刘瑾尤其被委以重任。

明武宗即位时年方十五岁，正是活泼贪玩的年纪。刘

瑾为人狡黠，十分会讨武宗的欢心，经常进献鹰犬等玩乐之物，引诱武宗微服出宫游玩，甚至大肆怂恿武宗敛财，抢夺百姓土地，设置为皇庄。

朝中大臣见刘瑾为所欲为，引导明武宗往坏路上走，纷纷谏言诛杀他。武宗不听，后来负责观测星象的官员进言，说刘瑾等人的行为引发了上天的谴责导致星变，武宗这才有所心动。

司礼监太监王岳为人正直，痛恨“八虎”，也在武宗面前表态支持朝臣。刘瑾听说后非常害怕，连夜与另外七人围着明武宗，跪在地上号啕大哭。

刘瑾看武宗有些感动，趁机说道：“是王岳故意陷害奴才，想勾结内阁大臣限制陛下。倘若司礼监用人得当，这帮文官怎么敢如此大胆！”武宗听后勃然大怒，立马命刘瑾掌管司礼监，并逮捕王岳等人。

刘瑾一时得志，趁机将当初反对自己的大臣和宦官一网打尽。为了执掌大权，他经常故意趁明武宗玩得高兴的时候奏事，武宗感到厌烦，挥手赶他走，道：“我用你有什么用？不要打扰我！”刘瑾从此大权独揽，遇事不再汇报。

为了完全掌控朝政，刘瑾拟定了一个奸党名单，将满朝有名望的大臣罗列其中，召集群臣当众公布，借此立威。

至于肆意贪污、干预政务、插手军政、钱权交易等恶事，不胜枚举。

有一个言官匿名写信抨击刘瑾，刘瑾便假传圣旨，召集百官跪在奉天门下。那天酷热难耐，刘瑾站在门口责问群臣，几位官员当场中暑死亡。到了傍晚，刘瑾依然问不出结果，便把五品以下官员全部关进监狱。直到第二天大学士李东阳出面相救，才释放出来。

1510 年，太监张永借着进献俘虏的机会，向明武宗揭发刘瑾的罪状，武宗大惊失色，命令将刘瑾抓捕审问。

第二天，武宗亲自去抄刘瑾的家，搜查出伪玺、玉带等违禁物以及大量金银珠宝，当即相信了谋反的事实，下诏将他凌迟处死。

九千九百岁魏忠贤

魏忠贤（1568—1627 年），字完吾，河间府肃宁县（今河北省沧州市）人。明朝末年权宦。

魏忠贤年轻时家境贫寒，目不识丁，常年混迹街头，喜欢赌博，爱好酒色。有一次，魏忠贤赌博输得很惨，一怒之下自宫，托关系被选入宫。

魏忠贤尤其擅长阿谀奉承，入宫后不断巴结贵人，地

位逐渐上升，后来结识了皇长孙的乳母客（qiě）氏，两人结下很深的关系。皇长孙即位，是为明熹（xī）宗。

熹宗十分喜爱客氏和魏忠贤，客氏的家人都被封官授爵。由宦官掌管的司礼监，有代替皇帝批红的权力。魏忠贤不识字，本来不能进入司礼监，因为客氏的缘故而破例。

魏忠贤得势后，紧紧笼络客氏，巴结明熹宗，地位得到巩固。朝中官员多次弹劾魏忠贤，还会受到熹宗的训斥责罚。从此，魏忠贤党同伐异，气焰更加嚣张。

明神宗晚年不理朝政，有一群大臣在东林书院以讲学为名，发表政见，形成一个团体，是为东林党。魏忠贤在朝中为非作歹，“东林六君子”之一的杨涟（lián）怒不可遏，上疏弹劾魏忠贤二十四大罪。

魏忠贤知道后，心中十分害怕，跑到明熹宗面前哭诉，客氏也在一旁求情，熹宗不明就里，偏听偏信，温声安慰魏忠贤，还在第二天对杨涟大加斥责。

经此一事，魏忠贤进一步排除异己，“东林六君子”惨遭杀害，其他不附和的官员也都被贬斥或驱逐。同时，他还大力提拔归附自己的人。一时之间，魏忠贤的同党遍布朝野，被称为阉党。

有官员在家中读杨涟的疏奏，鼓掌赞叹，被家奴告发，最后落得处死抄家。有个普通百姓大骂阉党，说了几句狂话，东厂立即将他擒拿。魏忠贤的党羽故意夸大其词，说这个人是间谍，不擒拿会导致变乱，对他严刑拷打。人们在路上相遇，只敢以眼神示意。

魏忠贤权势滔天，献媚的大臣越来越多，形成了诸如“五虎”“五彪”“十狗”“十孩儿”“四十孙”等各种名号。各地官员争相为他建立生祠，甚至有人直呼他“九千九百岁”，几近一手遮天。

1627年，明熹宗驾崩，庄烈帝即位。庄烈帝深知魏忠贤的种种恶行，想要铲除奸邪。魏忠贤自知难逃一死，上吊自杀了。庄烈帝下令将他的尸体肢解，枭首示众。

明朝的宦官集团，到魏忠贤时达到权势的高峰，但明朝也随着宦官与文官的斗争，而走到了尽头。

经典原文与译文

【原文】帝亲籍其家，得伪玺一，穿宫牌五百及衣甲、弓弩、衮衣、玉带诸违禁物。又所常持扇，内藏利匕首二。始大怒曰：“奴果反。”趣付狱。——摘自《明史·卷三百零四》

【译文】明武宗亲自抄刘瑾的家，得到一枚伪造的玉玺，五百块穿宫牌和衣甲、弓弩、衮衣、玉带等各种违禁物品。另外，刘瑾经常拿的扇子，里面藏着两把锋利的匕首。皇帝于是十分愤怒地说："奴才果然谋反。"催促将刘瑾投进牢狱。

勃然大怒：勃然，突然。突然变脸，大发脾气。形容人极其愤怒的样子。

独断专行：做事情专断，独自决定并遵照执行，不听别人的意见。也指独来独往，任意行事。

奸臣列传

《明史·奸臣列传》共一卷，记载了十余位奸臣，本书选取胡惟庸、严嵩、马士英为代表。

最后的丞相胡惟庸

胡惟庸（？—1380年），濠州定远县（今滁州市定远县）人。我国最后一任中书省丞相。

胡惟庸早年投奔明太祖，一起参加红巾军起义，历任多职。明朝建立后，他成为开国功臣之一，担任执政大臣。在另一位开国功臣李善长的推荐下，于1373年被任命为副丞相，后来担任丞相。

明太祖有个很宠信的大臣叫杨宪，担任丞相之后独断专行而被诛杀。太祖因此更加赏识胡惟庸的才华，十分宠信他。胡惟庸也愈发奋进，凭借小心谨慎讨得了太祖的欢心，担任了多年的独相。

胡惟庸逐渐骄纵跋扈，朝廷内外各部门的奏章，都拿来先看，有弹劾自己的奏章就扣下来。御史中丞刘基曾经在太祖面前说过胡惟庸的短处，后来刘基生病，太祖派胡惟庸带医生前去探望，胡惟庸趁机在药里下毒。刘基去世后，胡惟庸更加无所顾忌。

吉安侯陆仲亨擅自乘坐驿车，平凉侯费聚安抚军民时整日沉溺酒色，明太祖知道后非常生气，惩罚了他们，两人很是害怕。胡惟庸便暗中对他们威逼利诱，两人见胡惟庸专权用事，就与他秘密往来。

有一天，三人酒酣耳热，胡惟庸屏退左右，说："我们做了很多违法的事，一旦被发现怎么办？"两人很惶恐，胡惟庸趁机诱导他们在外面收兵买马。

胡惟庸的亲家是李善长的弟弟，便通过他游说李善长一起谋反。李善长年事已高，开始不同意，后来便听之任之了。

胡惟庸更觉得谋反之事可以成功，更加详尽地准备谋划。他派人往东，出海招引倭寇，又往北，寻找北元的支持。恰巧此时，胡惟庸的儿子在街市上坐马车驰骋，坠车摔死，胡惟庸擅自将驾车的人处死。

明太祖大怒，要胡惟庸偿命。胡惟庸请求用金银财宝补偿驾车者，太祖不允许。胡惟庸很害怕，开始联络与自己关系好的官员密谋起事。

1379年，占城国前来进贡，胡惟庸等人没有上报。宦官出来见到使者，回宫告诉明太祖，太祖勃然大怒。丞相胡惟庸和汪广洋前来叩头谢罪，将罪过归咎礼部，礼部大臣归咎中书省，太祖更加生气，将相关官员全都关押起来，要求调查主使者。

不久，汪广洋被赐死，他的小妾陈氏陪同而死，太祖查问得知陈氏是被收入官家的陈知县的女儿，很是气愤："被入官的妇女只分配给功臣之家,文臣是怎么得到的？"下令彻查，胡惟庸与六部属官都因此获罪。

第二年正月，胡惟庸的同党眼见事情不成，便向明太祖告发他的阴谋。太祖怒不可遏，令廷臣轮番询问，查到其他同党，全部诛杀。

此后，太祖又继续追查了十余年，先后牵连致死的人有三万多，这便是明初四大案之一的"胡惟庸案"。

胡惟庸死后，明太祖下令废除丞相，并禁止子孙后代设立丞相。在我国延续了千年的丞相制度至此终结，皇权得到了进一步加强。

谄媚阿谀的严嵩

严嵩（1480—1567年），字惟中，号介溪，袁州府分

宜县（今江西省分宜县）人。明朝内阁首辅。

严嵩的父亲热衷权力，多次参加科举没有考中，便将希望都放在儿子身上，对他悉心培养。严嵩不负众望，十九岁中举，二十六岁考中进士，被选为随侍皇帝身边的庶吉士。

不久，严嵩得了一场大病，退官回乡养病。期间，正值大宦官刘瑾专权，迫害朝官，严嵩借机躲过。

十年后，严嵩复官。明世宗沉迷于长生不老之术，将朝中事务交给礼部尚书夏言处理。夏言是江西人，严嵩借着老乡的情谊，拼命讨好他。严嵩不断升迁，与世宗的接触日渐频繁，又竭力讨世宗的欢心。

夏言担任首辅之后，想有一些作为，反对明世宗沉迷道教，逐渐得不到宠信。有一天，明世宗将沉香水叶冠赐予夏言、严嵩等近臣，夏言不戴，严嵩不但每次上朝都戴这个冠，还郑重地用轻纱拢住。明世宗见状，更加喜爱严嵩而厌烦夏言。

1544年，鞑靼（dá dá）入侵河套（今贺兰山以东、狼山和大青山以南）地区，陕西总督曾铣（xiǎn）发兵夺回河套，上疏建议修筑边墙，逼鞑靼退兵。夏言深以为然，向朝廷推举曾铣。

明世宗也决心夺回河套，但严嵩买通世宗的近侍，诬陷曾铣挑起边境争端，还指使边境将领仇（qiú）鸾（luán）诬告曾铣掩盖战败的消息不报告，克扣军饷，贿赂夏言。世宗相信了他，诛杀曾铣，将夏言下狱。严嵩又利用舆论，使世宗以为夏言毁谤自己。最终，夏言被斩首，严嵩出任内阁首辅，专权擅政近二十年。

明世宗推崇道教，时常斋醮（jiào）祷祀，撰写青词向上天报告。严嵩十分擅长撰写青词，更加受到宠爱。为了写好青词，严嵩殚精竭虑，废寝忘食。

甚至在庚戌之变时，俺答兵包围北京（今北京市），在城郊肆意烧杀劫掠，严嵩不顾百姓安危，依然大写青词，被戏称为“青词宰相”。

严嵩为了巩固恩宠，为明世宗修建了很多道观，常年有二三十处工程同时营建，役使数万名百姓，一年花费两三百万白银，为了献媚，不惜花费巨大的人力、财力、物力。

与此同时，严嵩对反对者不遗余力地打击，如沈炼、杨继盛等大臣先后弹劾他，他将两人的名字悄悄与谋反者的名字放在一起进呈明世宗批准，世宗没有细察，沈炼、杨继盛被冤杀。

严嵩年老后，提拔他的儿子严世蕃协助掌权。父子二人为所欲为，买卖官职，败坏朝纲，致使天下混乱。

▲ 严嵩无家可归

山东有个道士叫蓝道行，以善于扶乩（jī）而闻名，被介绍给明世宗。有一天，蓝道行在扶乩时说：“今天有奸臣奏事。”

此时严嵩刚好路过，世宗对严嵩父子更为厌恶。不久，严世蕃被斩首，严嵩被没收家产，削官为民，无家可归，沦落到在坟墓间吃别人祭祀祖先的冷饭度日，在贫病交加中去世。

狭隘毁国的马士英

马士英（约 1591—1646 年），字瑶草，贵州省贵阳府（今贵州省贵阳市）人。南明内阁首辅。

马士英与阮大铖（chéng）同年考中科举，入朝为官，历任多职。后来他因为挪用公款贿赂朝中显贵，被太监告发而遭到流放。马士英在南京（今南京市）寄居，遇见了同年进士、因依附大宦官魏忠贤被废斥的阮大铖，两人惺惺相惜，交谈甚欢。

当时，魏忠贤已经倒台，东林党人当权，阮大铖积极谋求复出，因为反对力量太强而作罢。迫不得已，他便大行贿赂，让马士英回朝为官。

庄烈帝命令马士英讨伐聚城反叛的刘超，刘超与马士英相识，便请求投降，马士英假装答应。刘超出城相见，不愿解下佩刀，马士英说："你既然归附朝廷，还要刀干什么？"亲手为他解下佩刀，又暗中除掉刘超的亲信，抓捕他献给朝廷，刘超最终被肢解。

1644 年，京城失陷，庄烈帝自杀殉国。留守南京的众臣议立新君，不同利益集团都提出了自己的人选。马士英当时正在庐州府（今合肥市）、凤阳府（今安徽省北部）督师，手握重兵。

他意识到建立拥立之功的机会到了，马上联络驻守长江北岸的各位将领，主张拥立明神宗的孙子福王朱由崧（sōng），是为弘光帝。南明朝廷就此建立。

马士英因为拥立有功，担任内阁首辅。当时的南明政权面临大清军及李自成起义军双重压力，各防区的将领拥兵自重，藐视朝廷，而朝臣的党争依然残酷，局面岌岌可危。马士英对此毫无办法，却执意启用阮大铖。

阮大铖如愿为官，公然打击报复东林党人，很多大臣被罢免，同时大量任用当年依附魏忠贤的人。马士英卖官鬻（yù）爵，使京中赏罚混乱，百姓因此戏言："职方贱如狗，都督满街走。"

大臣黄澍仰仗将领左良玉的势力，拜见弘光帝，当面揭发马士英贪赃枉法之事，弘光帝身边的太监接受马士英的贿赂，为他说情，弘光帝蒙蔽其中，挽留安慰马士英。马士英本想逮捕黄澍，但因左良玉的庇护而收手。

后来，南京城中有人声称是庄烈帝的太子，马士英等人认为是假的，百姓却谣传是真的。左良玉借此弹劾马士英，领兵东下，意在"清君侧"。

当时清兵南下，长江北岸地区战事紧急，但马士英害怕左良玉，想立马撤军增援南京。有官员劝谏，马士英怒斥："你们这帮东林党，借口防守长江，是想趁机放左逆入京犯上吗？清兵来了还可以和谈，左逆来了，你们可以升官，我们君臣就将身首异处了！”

马士英执意撤回军队，淮安府（今江苏省北部）、扬州府（今扬州市）的防御更弱了。清军趁机一路南下，马士英东奔西逃，垂死挣扎，最终被清军擒获斩首。

经典原文与译文

【原文】周延儒内召，大铖辇金钱要之维扬，求湔濯（jiān zhuó）。延儒曰："吾此行，谬为东林所推。子名在逆案，可乎？"大铖沉吟久之，曰："瑶草何如？"瑶草，士英别字也，延儒许之。——摘自《明史·卷三百零八》

【译文】周延儒被皇帝召见，阮大铖用车拉着金钱邀请他到维扬（今扬州市），希望能够洗清罪名。周延儒说："我这次去，很惭愧是东林党推荐。你的名字在逆案里面，这么做可行吗？"阮大铖沉吟很久，说："马瑶草怎么样？"瑶草，是马士英的字，周延儒许诺了他的提议。

殚精竭虑： 殚，尽。使尽了精力，费尽了心思。比喻竭尽全力做某事。

力挽狂澜： 挽，挽救；狂澜，巨大的波澜，比喻混乱的局势。比喻尽力挽回了危险的局势，并且反败为胜。

卖官鬻爵： 鬻，卖。掌权者售卖官职、爵位，以聚敛财富。形容政治腐败。

身首异处： 异，不同；处，地方。身体与首级在不同的地方。指被杀头。

悒（yì）悒不乐： 悒悒，忧愁不安。心情郁闷，忧愁不快乐。

流贼列传

流贼，指四处流窜的盗贼。我国历朝历代的农民起义很多，大部分都是流动作战，被统治者蔑称为流贼。明朝末年，四处爆发农民起义，规模很大，流动范围很广，甚至推翻了明朝两百多年的统治。《明史·流贼列传》共一卷，主要记载李自成、张献忠的事迹。

推翻明朝的“闯王”李自成

李自成（1606—1645年），原名鸿基，小字黄来儿，又字枣儿，榆林道米脂县（今榆林市米脂县）人。明末农民起义领袖，大顺政权的建立者。

李自成家庭贫困，年幼时被送进寺院当小和尚，还为本乡地主放过羊。十多岁时，父母相继过世，他无依无靠，在驿站当驿卒。李自成善于骑射，为人狠辣，朝廷裁撤驿站后，他失业回家，欠下了豪绅的债务，被严刑拷打，于是杀死豪绅逃跑，当了一名边兵。

明朝末年，边兵粮饷不足，官吏贪污渎职，士兵们只能挨饿受冻，盗贼自此开始作乱。此后，陕西发生严重饥荒，地方官员是阉党魏忠贤的人，疯狂聚敛钱财。百姓们失去生活来源，纷纷投靠盗匪。

当时，兵部郎中李继贞上奏庄烈帝说："百姓一旦挨饿，就会做盗贼，请朝廷拿出钱粮赈济。"庄烈帝因为国库空虚，还要对付北方的后金，没有批准，各地盗贼队伍愈发壮大。不久，李自成带着侄子李过投奔在山西的舅舅闯王高迎祥，自称"闯将"，在陕西、河南一带征战。

1634 年，新任五省总督陈奇瑜会同各地明军围剿起义军，高迎祥等人见明军云集，包围圈逐渐缩小，惊慌之余，误入车箱峡（今陕西省安康市境内）。此地山势险绝，进去容易，出来很难，唯一的出口被明军堵死。生死攸关之时，李自成采用谋士的计策，贿赂陈奇瑜身边人，向朝廷诈降。陈奇瑜信以为真，释放了李自成，派人安抚农民军，想要将他们遣送回原籍。李自成逃出生天，立刻杀死安抚官，而后再次背叛。

次年，名将洪承畴担任五省总督，专门围剿农民军，农民军一路退到河南洛阳（今洛阳市）一带。为了抗击朝廷，商量对策，各地义军首领齐聚荥（xíng）阳县（今河南省荥阳市）召开大会，李自成激昂地说："一个人都要奋起反抗，何况如今有十万大军！朝廷束手无策，我们应该分头行事，各自定下攻打的方向，至于成败，全由天命！”众人纷纷应和。高迎祥与李自成、张献忠攻入安徽，占领明太祖的家乡凤阳府(今凤阳县),把明朝皇室的祖坟挖了。

后来，朝廷连续调集名将卢象升、孙传庭等人围剿起义军，高迎祥兵败被杀，他的残部投奔李自成，拥戴李自成为“闯王”。

1638年，清军进攻明朝。张献忠趁机再次反叛，引来明军全力围剿，李自成也趁机杀进河南，收留饥民，开仓赈粮。附近灾民闻风而来，日夜不断，李自成的军队迅速发展到数万人。他借机提出“均田免赋”的口号，百姓口口相传“迎闯王，不纳粮”。

1641年，李自成攻克洛阳，杀死明神宗的儿子福王朱常洵。朱常洵依仗神宗的宠爱,积累了巨万家资,为富不仁,生活十分奢靡，在当地民愤极大。李自成将福王的肉与鹿肉同食，名为“福禄宴”，与部下们共享，以发泄心头之恨。李自成没收福王的金银珠宝和粮食,赈济灾民。他不好酒色,与部下同甘共苦，一边抗击明军，一边招抚流民，最终攻破潼关（今陕西省潼关县），杀死孙传庭，占领陕西全省。

1644年正月，李自成在西安（今西安市）称帝，建国号大顺，同时加紧东征京城北京（今北京市）。同年三月，

▼李自成进北京城

李自成的军队一路打到北京城，在太监的引导下，到达乾清宫。明朝大臣早已四散逃命，绝望的庄烈帝在景山（今景山公园）自缢而亡，明朝灭亡。

李自成初入紫禁城时，军法严明，慢慢开始纵容部下烧杀抢掠，很快民心尽失。这时，清军也临近北京，试图夺取天下。

李自成为了瓦解明军残部，多次招降驻守山海关（今秦皇岛市境内）的总兵吴三桂，吴三桂拒不投降，最终投靠清朝，和清军联手进攻，李自成战败，被迫退出北京，逃回西安。

面对清军的围追堵截，李自成疑心日盛，枉杀了很多人，军中人心离散。后来，清军攻陷潼关，李自成放弃西安，四处逃窜，败退到湖北。

有一次，李自成让李过守寨，自己率领几十名骑兵到山中抢粮，被村民围困后活活勒死。村民们脱掉他的衣物，发现了龙袍和金印，惊呼："这竟然是李自成啊！"大顺国皇帝，就这样窝囊地结束了辉煌的一生。

乱世鏖战的"八大王"张献忠

张献忠（1606—1647年），字秉忠，号敬轩，外号黄虎，延安府定边县（今榆林市定边县）人。明末农民起义领袖，大西政权的建立者。

张献忠出生贫困家庭，性格倔强，爱打抱不平。年少

时读过书，后来参军，当过捕快，因犯法差点被斩首。主将见他相貌奇特，特意为他求情，被开除军籍，自此流落民间。

明朝末年，陕西全境灾荒不断，农民为了活命纷纷起事，很快形成燎原之势。张献忠在家乡聚集十八寨农民，组成一支队伍作为响应，自称“八大王”。他有文化，又当过兵，足智多谋，骁勇善战，屡立奇功，在陕西、山西、河南、安徽、湖北等地转战，逐渐发展成当时最强劲的队伍。

1635年，以首领高迎祥为盟主的十三支农民军，在荥阳会师，商讨对抗朝廷的策略。在此之前，张献忠与高迎祥共同造反，李自成还只是高迎祥的部将。如今，李自成与他实力不相上下。荥阳大会后，两人一路向东，挺进安徽。张献忠率部攻克凤阳府，携手焚烧了皇陵。不久，两人决裂，李自成选择西去，张献忠继续向南进发。

张献忠接连攻克多地，所向披靡，一直打到长江北岸的江苏省仪征市。又转而向西，横穿安徽，进入湖北，再北上进入河南，继续往西进入陕西。

张献忠喜欢出奇兵，专挑明军的薄弱环节，屡屡挫败围剿计划。期间，就连名将洪承畴手下的大将曹文诏也被他斩杀。

张献忠仅用一年时间，队伍已经壮大到十万人。不过，高迎祥战死，农民军缺乏统一部署，一度陷入混战，接连受挫。朝廷为了集中力量对付后金，也转变策略，实行“招抚”。为了保存实力，张献忠假意降服，暗中积极屯粮，招兵买马，择机而动，等待东山再起。

1639 年，张献忠再次揭竿而起，李自成也重整旗鼓，起义烽火再次形成燎原之势。张献忠因为率先举事，迅速引来明军主力围剿。双方屡屡大战，互有胜负。随着明军围剿范围逐步缩小，张献忠意识到只有跳出包围圈，才能获得战略主动，决定挺进四川。

当时，兵部尚书杨嗣（sì）昌和大将左良玉不和，张献忠利用两人的矛盾，派人带着丰厚的钱财行贿左良玉，说：“正是因为我的存在，朝廷才会重用你，但是你的部将滥杀无辜，朝廷早有人想要置你于死地。假如我死了，你的死期也不远了。”左良玉因此围而不攻，张献忠得以进入四川。

不久，张献忠以四川为基地，进入湖北，一举攻克军事重镇襄阳（今湖北省襄阳市），从缴获的饷银中拿出大部分救济灾民，处死襄王朱翊（yì）铭和贵阳王朱常法，得到百姓拥护。杨嗣昌得知襄阳陷落，又收到李自成斩杀福王朱常洵的消息，自知死罪难逃，本已重病的他忧惧交加而死，左良玉也被贬官。

张献忠攻下武昌（今武汉市）后，自称“大西王”，设立六部，委派官吏，开科取士，招揽人才。李自成听说张献

忠占据武昌，颇为不满，两人形成对立之势。张献忠想到自己的实力不如李自成，率部南下湖南，又进入江西、广东、广西等地。但为了将来更好的发展，他决定再次入川。

1644年，张献忠在成都（今成都市）正式称帝，建国号大西，设置左右丞相和六部尚书等文武官员。

清朝建立后，一面派大军进剿四川，一面派人招降张献忠，但张献忠置之不理。从此，大西政权不仅要与明朝残部及本地地主武装对抗，还要面对清军的围剿。1646年，清朝派肃亲王豪格和平西王吴三桂，统领满汉大军，全力进攻张献忠，张献忠大败。

不久，张献忠的部将刘进忠投降了豪格，带领清军发起突袭，张献忠不幸中箭坠马被生擒，清军将他斩首示众，时年四十二岁。

张献忠死后，他的部将率领残部转战西南各省，坚持了近二十年，直到康熙皇帝继位，才彻底被歼灭。张献忠领导的农民运动，给摇摇欲坠的明朝以沉重打击，也为清朝制造了诸多侵扰，在历史上留下了不可磨灭的印记。

经典原文与译文

【原文】始，自成入陕西，自谓故乡，毋有侵暴，未

一月抄掠如故。又以士大夫必不附己，悉索诸荐绅，搒掠征其金，死者瘗（yì）一穴。榆林故死守，李过等不能克，自成大发兵攻陷之。副使都任，总兵王世国、尤世威等，俱不屈死。——摘自《明史 · 卷三百零九》

【译文】当初，李自成进入陕西，自认为是故乡，没有侵犯暴虐的行为，但不满一个月，又像往常一样抢掠。他又认为士大夫肯定不会归附自己，便搜捕所有士绅，拷打他们，索要他们的金银，将死人埋在一个坑中。因此榆林城死守，李过等人无法攻下，李自成派出了主力部队才将其攻陷。副使都任，总兵王世国、尤世威等人，都不屈而死。

词语积累

偃旗息鼓：偃，放倒。放倒军旗，停止擂鼓，秘密行军，不暴露目标。比喻休战，或无声无息地停止活动。

外国列传

朝鲜，位于东亚朝鲜半岛，西临黄海，与我国山东半岛隔海相望，东临日本海。朝鲜与我国自古山水相连，交往不断，是几千年的友好邻邦。《明史·朝鲜列传》共一卷，主要记载作为明朝藩属国的朝鲜，从推翻高丽王朝建国，忠心侍主明朝，直至对清朝臣服的历史。

忠心可鉴的朝鲜王朝

朝鲜，早在我国先秦时期的文献《山海经》《管子》等书中有相关记载。

周武王灭商之后，将商纣王的叔父箕（jī）子封在朝鲜，史称箕子朝鲜，建国近一千年。西汉初年，有个叫卫满的人灭掉箕子朝鲜后称王，史称卫满朝鲜，后被汉武帝所灭，设置多个郡进行管理。司马迁专门在《史记》中作《朝鲜列传》，详细记载了此事。

汉朝末年，扶余人高氏占据朝鲜，将国号改为高丽，又称高句丽（gōu lí），被唐高宗所灭。五代时期，王建在朝鲜自立为王，国号高丽。

1368 年，明朝建国，同年攻占了元朝京城大都（今北京市）。高丽国王王颛（zhuān）听说此事，马上停用元朝的年号，派使者到南京（今南京市），请求奉表

▼ 朝鲜进贡

称臣。明太祖便册封王颛为高丽国王，两国的藩属关系正式确定。

元朝虽然退出了中原地区，但在北方仍然拥有大片领土，而高丽国内的亲元势力也很强大。不久，王颛被杀，新即位的国王王禑（xú）奉行两不得罪的路线。

几年后，明太祖为彻底打击北元势力，决定在鸭绿江东岸设置卫所，驻扎军队。王禑派大将李成桂征讨明军，李成桂不敢得罪明朝，毅然返回京城，废黜了王禑，从此大权在握。

1392 年，李成桂清除了效忠高丽的大臣郑梦周后，受到众人拥戴，便自立为王，对明朝称臣。明太祖本着不干涉邻国内政的原则，承认了李成桂政权的合法性，高丽王朝近五百年的统治就此结束。

同年，明太祖的太子朱标去世，李成桂遣使慰问，趁机请太祖裁定国号。明太祖认为“朝鲜”是古名，且“朝日鲜明”出处文雅，亲自裁定将“朝鲜”作为新国名。朝鲜半岛上最后一个统一的封建王朝正式确立。

明成祖登基后，两国关系步入正常轨道。朝鲜在政治、法律、思想、文化等方面，全方位学习明朝。明朝允许朝鲜一年三次朝贡，成为所有藩属国的特例。

此外，朝鲜还以谢恩使、奏请使、进献使等诸多名义来朝进贡。《明史》记载说:“朝鲜虽然是属国,但与国内各地区没有什么不同。”

明神宗时,日本崛起,妄图先占领朝鲜,再进一步侵略中国。1592年四月,日本正式出兵,仅两个月时间,就占领了朝鲜的汉城(今首尔市)、平壤(今平壤市)两座城市,朝鲜濒临亡国的边缘。朝鲜国王慌忙逃跑,抵达中朝边境,派使者向明朝求援。

明神宗毅然决定派兵援朝。1592年六月,第一批明军进入朝鲜境内,但初战不利。明朝发现日军实力强劲,继续增派主力部队,取得平壤大捷;朝鲜名将李舜臣也多次海战获胜,日军被重创。三年后,和谈成功,日军撤退。

两年之后,日军再次入侵,明军第二次援朝。中朝联军并肩作战,取得露梁海战的大胜,日军败退。明朝的抗倭援朝,使得朝鲜从亡国到复国,更加巩固了中朝友谊,朝鲜因此盛赞明朝的“再造之恩”。

明朝末年,我国东北地区的女真族崛起。明朝为了击败女真,多次让朝鲜出兵配合,朝鲜都积极参战。后来,明朝国力不继,女真进一步强大,建号大清,转而进攻朝鲜,朝鲜不敌,被迫成为清朝的藩属国。

由于朝鲜是被迫降清,因而内部的反清意识很强。

双方来往的官方文件，朝鲜都使用清朝的年号，但在祭祀、刻碑、私人著述时，仍然继续使用明朝年号。明朝灭亡，最后一个年号是崇祯，在朝鲜一直使用到二十世纪初期，由此可见朝鲜对明朝的感情之深。

经典原文与译文

【原文】帝以高丽僻处东隅，非中国所治，令礼部移谕："果能顺天道，合人心，不启边衅，使命往来，实尔国之福，我又何诛。"冬，成桂闻皇太子薨（hōng），遣使表慰，并请更国号。帝命仍古号曰朝鲜。——摘自《明史·卷三百二十》

【译文】明太祖认为高丽偏处东隅，不在中国的治理之内，下令礼部传旨告谕："如果李成桂能顺应天道，符合人心，不在边境生出争端，与本朝有使者往来，确实是你们国家的福气，我国又有什么可责备的呢？"洪武二十五年冬天，李成桂听闻明朝皇太子去世，派遣使者奉表慰问，并请求给他的国家更改国号。太祖下令仍按照古代的称号叫朝鲜。

明鉴：鉴，镜子。明亮的镜子。比喻能够引以为戒的明显前例。

珍禽异兽：珍，贵重；奇，特殊。珍奇的飞禽，罕见的走兽。

哀恸（tòng）成疾：哀恸，悲哀到了极点；疾，病。悲伤到了极点以至于生病。

致 谢

值此本丛书出版之际，不禁感慨万千！

从与编辑沟通选题方向，到拟定写作思路；从寻找作者试稿，到确定写作风格；从立足读者定位，到与作者频繁沟通史料的运用与表述；从稿件的整体编纂，到邀请业内专家审定；一路走来，深知一套书籍从设想变为现实的种种不易。

好在有众多师友、同仁的鼓励与支持，最终坚持了下来。我谨代表本书编委会，向提供过帮助的人们致谢！

感谢我的师公，丛书总顾问熊铁基先生对本书编撰立意给予的肯定，以及在创作过程中提供大量细致详尽的专业指导！

感谢华中师范大学历史文化学院叶秋菊副教授及同门肖海燕副教授、王闯副教授牺牲休息时间，耗费大量精力细审全文！

此外，在本丛书的策划、创作、编辑过程中，刘佳、李芳齐、黄玉荣、杨旭、项泽宇（排名不分先后）等人在不同阶段提供了帮助，在此一并表示感谢！

李海杰

2023 年 4 月于武昌桂子山